DES FRANÇAIS

PAR DROIT DE NAISSANCE

ET

SITUATION JURIDIQUE DES INDIVIDUS

NÉS EN FRANCE D'UN ÉTRANGER

—

ÉTUDE SUR LES ART. 8, 9, 10, AL. 1, DU CODE CIVIL ET SUR
LES LOIS COMPLÉMENTAIRES DES 22-25 MARS 1849,
7-12 FÉVRIER 1851 ET 16-29 DÉCEMBRE 1874.)

—

(ARTICLE EXTRAIT DE LA *Revue pratique*, T. XLV.)

PAR

DANIEL DE FOLLEVILLE

AVOCAT A LA COUR D'APPEL,
PROFESSEUR DE CODE CIVIL A LA FACULTÉ DE DROIT,
L'UN DES VICE-PRÉSIDENTS DE L'ASSOCIATION INTERNATIONALE POUR
LA RÉFORME ET LA CODIFICATION DU DROIT DES GENS.

Prix : 1 franc 25 centimes.

PARIS

chez Marescq aîné, libraire-éditeur
20, rue Soufflot, 20.
(Au coin de la rue Victor-Cousin.)

DOUAI

Chez tous les
libraires

1879

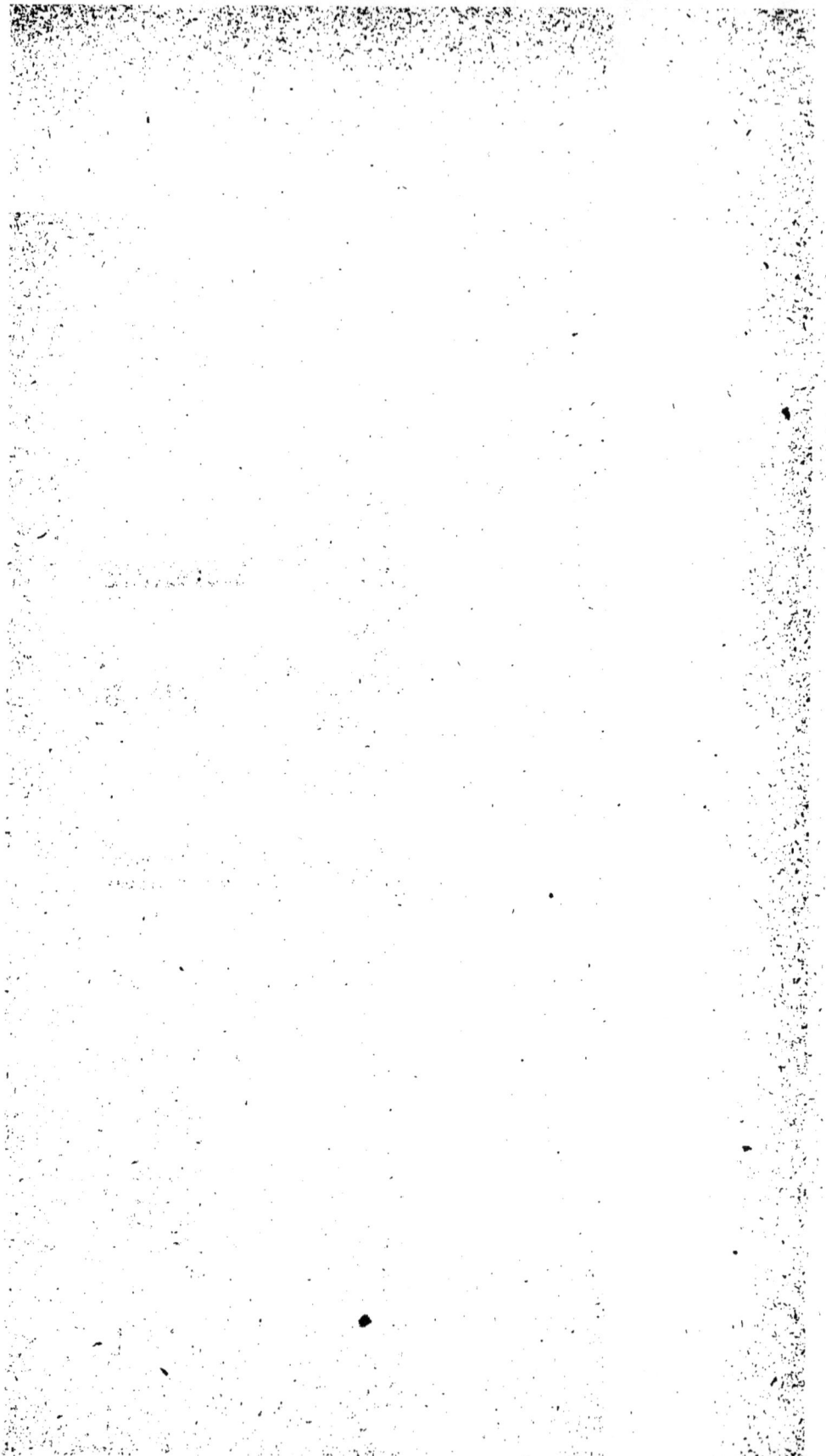

DES

FRANÇAIS PAR DROIT DE NAISSANCE

ET

SITUATION JURIDIQUE DES INDIVIDUS NÉS EN FRANCE D'UN ÉTRANGER

—

(Etude sur les art. 8, 9, 10, al. 1 du Code civil, et sur les lois complémentaires des 22-25 mars 1849, 7-12 février 1851, et 16-29 décembre 1874.)

AUTRES OUVRAGES DU MÊME AUTEUR :

De la naturalisation et des effets généraux des lois. Un vol. in-8. Sous presse.

Des caractères distincts des associations commerciales en participation (1865). Durand. Une brochure in-8. (Epuisée.)

Considérations générales sur l'acquisition ou la libération par l'effet du temps (1869). Thorin. 1 vol. gr. in-8.   3 fr.

De l'interdiction considérée comme cause de séparation de biens judiciaire (1870). Cotillon. Une broch. in-8.   1 fr. 50

Etude sur le paiement avec subrogation; ses caractères distinctifs (1871). Thorin. Une brochure in-8.   1 fr.

Programme sommaire du cours de Code civil (Deuxième examen), avec une Etude sur le partage d'ascendants (1871). Thorin. Un vol. in-8.   8 fr.

Etude sur la jonction des possessions (art. 2235 du Code civil) (1871). Marescq aîné. Une brochure in-8.   2 fr. 50

De la revendication des titres au porteur en matière de faillite (1871). Marescq aîné. Une brochure in-8.   1 fr.

De la publicité des contrats pécuniaires de mariage, d'après la loi du 10 juillet 1850. Marescq aîné (1872). Une brochure in-8. 2 fr.

La loi du 12 août 1870 et le cours forcé des billets de la Banque de France (1872). Marescq aîné. Une brochure in-8. 50 c.

Sommaire du cours de Code civil (Premier examen). Marescq aîné. Une brochure in-8. Seconde édition (1876).   2 fr. 50

De la légitimation des enfants incestueux (simple note extraite du Recueil spécial de jurisprudence de la cour de Douai, t. XXXI, p. 109 (1873). Thorin. Une brochure in-8.   50 c.

De la délégation des fonctions de l'instruction aux juges suppléants (1873). Thorin. Une brochure in-8.   50 c.

Comparaison des articles 434, 443 et 479, § 1er du Code pénal (1874). Marescq aîné. Une brochure in-8.   50 c.

Essai sur la vente de la chose d'autrui (1874). Marescq aîné. Un vol. in-8.   3 fr. 50

De la possession précaire (1874). Marescq aîné. Une brochure in-8.   1 fr. 50

Traité de la possession des meubles et des titres au porteur Marescq aîné. Un fort vol. in-8. Seconde édition (1875).   12 fr.

Des clauses de remploi et de la Société d'acquêts sous le régime dotal. Marescq aîné. Une brochure in-8.   2 fr. 50

Du paiement du prix par l'acheteur en matière de vente (1875). Marescq aîné. Une brochure in-8.   1 fr. 50

De la promulgation et de l'application des lois et des décrets (art. 1 du Code civil combiné avec les récentes lois constitutionnelles) (1876). Marescq aîné. Une brochure in-8.   1 fr.

De la naturalisation en pays étranger des femmes séparées de corps en France. Marescq aîné. Une brochure in-8. Seconde édition (1876).   2 fr.

Questions pratiques de naturalisation. — Situation juridique de la jeune princesse Nadèje Bibesco (1876). Marescq aîné. Une broch. in-8.   1 fr.

De la propriété littéraire et artistique (1877). Durand et Pédone-Lauriel, éditeurs. Une brochure in-8.   1 fr.

Traité des assurances sur la vie, par M. Paul Herbault; revu et publié après le décès de l'auteur, par Daniel de Folleville (1877). Marescq aîné. Un vol. in-8.   6 fr.

De l'effet déclaratif du partage (explication de l'art. 883 du Code civil) (1877). Thorin, éditeur. Une brochure in-8.   1 fr. 50

DES FRANÇAIS

PAR DROIT DE NAISSANCE

ET

SITUATION JURIDIQUE DES INDIVIDUS
NÉS EN FRANCE D'UN ÉTRANGER

—

ÉTUDE SUR LES ART. 8, 9, 10, AL. 1, DU CODE CIVIL ET SUR LES LOIS COMPLÉMENTAIRES DES 22-23 MARS 1849, 7-12 FÉVRIER 1851 ET 16-29 DÉCEMBRE 1874.)

—

(ARTICLE EXTRAIT DE LA *Revue pratique*, T. XLV.)

PAR

DANIEL DE FOLLEVILLE

AVOCAT A LA COUR D'APPEL,
PROFESSEUR DE CODE CIVIL A LA FACULTÉ DE DROIT,
L'UN DES VICE-PRÉSIDENTS DE L'ASSOCIATION INTERNATIONALE POUR
LA RÉFORME ET LA CODIFICATION DU DROIT DES GENS.

Prix : 1 franc 25 centimes.

PARIS	DOUAI
chez Marescq aîné, libraire-éditeur	Chez tous les
20, rue Soufflot, 20.	libraires
(Au coin de la rue Victor-Cousin.)	

—

1879

DES FRANÇAIS PAR DROIT DE NAISSANCE

ET

SITUATION JURIDIQUE DES INDIVIDUS NÉS EN FRANCE D'UN ÉTRANGER (1).

—

Etude sur les articles 8, 9, 10, al. 1, du Code civil et sur les lois complémentaires des 22-25 mars 1849, 22-29 janvier, 7-12 février 1851, 16-29 décembre 1874.)

1. *Tout Français*, dit l'art. 8 du Code civil, *jouira des droits civils.* Il est donc indispensable de rechercher quelles personnes sont Françaises dans le sens de la loi.

Or on acquiert la qualité de Français de deux manières :

1° Par la naissance ou l'origine, *jure sanguinis;*

2° Par la naturalisation, en prenant ce mot *sensu lato.*

CHAPITRE PREMIER.

DES FRANÇAIS PAR DROIT DE NAISSANCE.

2. Sous l'empire de notre ancienne jurisprudence française, la nationalité pouvait être conférée, par la naissance, dans une double circonstance :

D'abord, suivant un principe que la féodalité avait légué à la monarchie française, *était, ipso jure, Français, tout individu qui naissait sur le sol français*, ses parents fussent-ils tous deux de nationalité étrangère : c'était l'application du *jus soli.*

Mais en outre, suivant un principe, dont l'origine remonte jusqu'au droit romain, et que l'on finit par restaurer, *était aussi, ipso jure, Français, tout individu qui naissait de parents français*, fût-il né même sur le sol étranger : c'était l'application du *jus sanguinis.*

---

(1) Cet article est extrait d'un ouvrage en préparation, *Sur la naturalisation et les effets généraux des lois* (conférences de droit international privé faites durant l'année scolaire 1878-1879).

3. Ces deux principes coexistèrent même sous la période du droit intermédiaire ou révolutionnaire.

Devait-on encore les consacrer l'un et l'autre sous l'empire du Code civil actuel? C'est là une question qui divisa les législateurs de 1803. La solution qu'elle reçut ne passa pas sans difficultés. Nous allons y revenir dans un instant. Mais disons tout de suite que le résultat auquel on aboutit fut la consécration du *jus sanguinis*, à l'exclusion du *jus soli*. Ainsi, de nos jours, à la différence de ce qui se passait dans l'ancien droit, est Français, dès sa naissance, celui-là seul qui naît de parents français, quel que soit d'ailleurs le lieu de sa naissance.

4. Ce principe est déposé dans l'art. 10, § 1, du Code civil. Il est ainsi formulé : « Tout enfant né d'un Français *en pays étranger* est Français. »

Mais, à première vue, cette forme sous laquelle le législateur a exprimé sa pensée ne paraît-elle pas bizarre? Pourquoi déclarer ainsi tout spécialement Français celui qui naît de parents français *en pays étranger ?* L'enfant né *en France* dans les mêmes conditions ne naîtrait-il donc pas Français? Evidemment oui. Cet enfant mérite pour le moins la même faveur que l'enfant né à l'étranger. Aussi paraissait-il évident, aux yeux du législateur, que la qualité de Français dût également lui être reconnue. « *Que l'enfant né d'un Français en France soit Français*, disait Boulay de la Meurthe dans l'exposé des motifs du projet de loi, *c'est une chose si évidente qu'il n'était pas besoin de l'exprimer*. Mais, sous peine de faire de la France une prison ou un cloître d'où on ne peut sortir sans crime, on ne saurait priver de la même qualité, par une loi funeste, celui qui vient au monde sur une terre étrangère. A la paternité française est donc attachée, d'une manière absolue, et abstraction faite de toute autre circonstance, notre nationalité (1). » — « On conçoit facilement, disait aussi le tribun Gary, pourquoi le projet de loi ne s'occupe pas des enfants nés en France de Français. C'est bien pour ceux-là qu'est essentiellement faite la loi française, et que sont établis les droits civils (2). »

5. Mais, s'il en est ainsi, s'il est évident que l'enfant *né en France* de parents français est, *à fortiori*, Français, ces

(1) Séance du Corps législatif du 11 frimaire an X.
(2) 27 ventôse an XI.

expressions « *né d'un Français en pays étranger,* » employées par l'art. 10, § 1, sont dès lors complètement inutiles.

Leur insertion s'explique par l'historique de la rédaction de ce chapitre, par les difficultés et les discussions que nous signalions, il y a un instant, sur la question de savoir si l'enfant né en France de parents même étrangers devait être déclaré Français, — *jure soli.*

Les débats qui s'élevèrent sur ce point furent assez vifs.

Au sein du conseil d'Etat, le premier consul s'était prononcé nettement pour le maintien du *jus soli* dans notre droit. « Il ne peut y avoir que de l'avantage, avait-il dit, à étendre l'empire des lois françaises... Les fils d'étrangers qui se sont établis en France ont l'esprit français, les habitudes françaises ; ils ont l'attachement que chacun porte naturellement au pays qui l'a vu naître (1). »

C'est sous l'influence de ces observations que fut rédigé l'art. 2 du projet primitivement adopté au conseil d'Etat, qui correspondait à notre art. 9 d'aujourd'hui. Il était ainsi conçu : « Tout individu né en France est Français. » C'était l'application bien nette du *jus soli.*

Mais les considérations présentées par le premier consul ne réussirent pas à convaincre le Tribunat. « La rédaction de cet art. 2, disait le tribun Siméon à la séance du 25 frimaire an X (2), ne présente-t-elle pas quelque chose de bizarre ? Le fils d'un Anglais peut devenir Français ; mais le sera-t-il par cela seul que sa mère, traversant la France, l'aura mis au jour sur cette terre étrangère à elle, à son mari, à ses parents ? Si chaque nation fait une telle déclaration, nous perdrons autant de Français que nous en gagnerons : on n'appartiendra plus à sa famille, à sa nation ; la patrie dépendra moins de l'affection qui s'y attache, du choix et de l'établissement, que du hasard de la naissance... Ouvrons nos portes aux étrangers, mais ne nous en saisissons pas malgré eux. » Cette opinion du tribun Siméon fut partagée par le Tribunat, qui repoussa, en conséquence, l'art. 2 du premier projet présenté par le conseil d'Etat.

Le conseil d'Etat adhéra lui-même aux observations du Tribunat, et remplaça l'ancien art. 2 par l'art. 9 actuel, qui fut

(1) Locré, t. II, p. 35.
(2) Locré, t. II, p. 248.

définitivement adopté. De cette façon, les enfants nés en France d'étrangers ne sont pas, de plein droit, Français : on leur accorde seulement une naturalisation par le bienfait de la loi.

On comprend dès lors comment l'art. 10, § 1, a posé ce principe, que tout enfant né d'un Français *en pays étranger* est Français. Ces mots : « *en pays étranger*, » impliquaient que l'enfant *né en France* serait, par cela seul, Français, quelle que fût la nationalité de ses parents. Cette rédaction concordait avec le principe posé dans l'art. 2 du premier projet; mais elle aurait dû disparaître, dès que l'on eut fait subir à celui-ci la modification radicale et profonde que nous connaissons. Elle n'a été maintenue que par inadvertance.

6. Quoi qu'il en soit, en combinant les art. 9 et 10, on n'en dégage pas moins cette règle certaine, que la nationalité d'origine, celle qui est acquise à l'enfant dès sa naissance, n'appartient, de nos jours, qu'à celui-là seul qui est né, n'importe en quel endroit, de parents français.

7. Nous disons que l'enfant doit être né de parents français.

Cette règle ne souffre assurément pas de difficulté, lorsque le père et la mère ont, tous les deux, la nationalité française. Mais il se peut aussi que le père et la mère ne soient pas de la même nationalité. Par exemple, au jour du mariage, les deux époux étaient étrangers. Durant l'union conjugale, le mari seul s'est fait naturaliser en France. Nous avons déjà dit que cette naturalisation n'avait aucun contre-coup sur la femme, laquelle n'en restait pas moins étrangère. C'est ce que nous démontrerons plus loin, quand nous préciserons les effets de la naturalisation au point de vue des personnes auxquelles ces effets s'appliquent. Eh bien, quelle serait la nationalité d'un enfant qui naîtrait après cette naturalisation paternelle ?

D'une façon générale, pour déterminer la nationalité d'un enfant, lorsque l'un de ses deux parents seulement est Français, il faut distinguer suivant que l'enfant est légitime ou naturel.

8. *Première hypothèse. — L'enfant est légitime.* — Lorsque l'enfant est né en légitime mariage, c'est le *père* qui lui transmet sa nationalité.

Deux considérations tirées, l'une de la tradition historique, l'autre des principes généraux du droit, font admettre cette solution :

1° *Tradition historique.* — Il était de principe, en droit

romain, que l'enfant né en légitime mariage suivait la condition de son père : « *Cum legitimæ nuptiæ factæ sunt, patrem liberi sequuntur* » (L. 19, Dig. *De statu hominum*). Cette règle fut également suivie dans notre ancien droit français. « Si l'enfant est né en légitime mariage, dit Pothier, il faut que le père soit Français pour que le fils le soit aussi. Un enfant né en pays étranger d'une Française et d'un étranger serait réputé étranger » (*Traité des personnes*, tit. II, sect. 1).

2º *Principes généraux du droit.* — La règle que nous venons de poser n'a pas été expressément consacrée par notre Code ; mais elle résulte de l'ensemble de ses dispositions sur l'organisation de la famille. Le père est, en effet, le chef de la famille. C'est lui qui exerce la puissance paternelle ; c'est lui dont la volonté l'emporte, lorsqu'il s'agit du mariage de l'enfant ; c'est lui, enfin, qui transmet à l'enfant son nom pour le perpétuer. Il doit, dès lors aussi, lui transmettre sa nationalité. Ainsi le veulent le bon sens et la logique.

9. *Deuxième hypothèse.* — *L'enfant est naturel.* — Il convient de faire ici une sous-distinction. Oui ou non, l'enfant naturel a-t-il été reconnu ?

10. A. — *L'enfant naturel n'a pas été reconnu.* — Lorsqu'il s'agit d'un enfant naturel non reconnu, autrement dit, lorsqu'il s'agit d'un individu né en France de père et mère inconnus, d'un *enfant trouvé*, des difficultés s'élèvent dans la doctrine sur la nationalité que l'on doit de préférence lui attribuer.

11. Un *premier système* (1) soutient que cet enfant est *étranger*. Seulement, comme il est né sur le sol français, il pourra invoquer la naturalisation par bienfait de la loi, dont il est question dans l'art. 9 du Code civil. En effet, dit-on, des étrangers peuvent avoir donné le jour à cet enfant.

12. Nous ne pouvons pas, pour notre part, admettre une telle affirmation. Nous nous rallions plutôt à un second système, suivant lequel il faut regarder l'enfant, dont il s'agit, comme *Français* dès sa naissance (2).

En effet, puisque l'on ne connaît pas ses parents, la question est douteuse. Or, est-ce que, dans le doute, on ne doit pas incliner pour ce qui est le principe, la règle générale ? Mais, en

---

(1) M. Richelot, t. I, p. 112.
(2) Marcadé, t. I, nº 108 ; Fœlix, *Revue étrangère*, 1840, t. VII, p. 201 ; Poitiers, 26 juin 1829 (S. 1830, 2, 99).

France, c'est précisément la nationalité française qui forme le droit commun. La présomption doit donc être pour cette nationalité française, et non pour l'extranéité ; car, l'extranéité est l'exception.

D'ailleurs, grâce au lieu même de sa naissance, grâce au principe général que nous venons de rappeler, l'enfant trouvé aura du moins la *possession d'état* de Français. Il possède donc le plus puissant de tous les titres en matière de nationalité ; car, ainsi que le dit M. Demolombe (1), pourrions-nous le plus souvent, tous, tant que nous sommes, prouver notre qualité de Français autrement que par la possession même?

Enfin, le décret du 4 juillet 1793 déclarait que les enfants trouvés porteraient le titre d'enfants naturels de la patrie. Il est vrai qu'une objection sérieuse ébranle singulièrement l'autorité de ce décret : c'est qu'il est antérieur au Code, et en harmonie par conséquent avec le vieux principe du *jus soli*, encore appliqué sous la période révolutionnaire. Mais nous pouvons heureusement invoquer encore, dans le sens de notre opinion, un texte récent, édicté depuis la consécration exclusive du *jus sanguinis :* c'est le décret du 19 janvier 1811. L'art. 17 de ce décret dit, en effet, que les enfants trouvés, élevés à la charge de l'Etat, sont entièrement à sa disposition, et l'art. 19 ajoute qu'ils sont appelés à l'armée comme conscrits. Les enfants trouvés ne sont-ils pas traités ainsi comme Français?

13. B. — *L'enfant naturel a été reconnu.* — Si la reconnaissance n'a été faite que par un seul des deux parents, la solution ne souffre pas de difficulté : l'enfant suivra la nationalité du parent qui l'aura reconnu. Peu importe, d'ailleurs, que la reconnaissance ait été volontaire ou forcée. Ainsi l'enfant naturel reconnu par un père français est lui-même Français. La reconnaissance a, en effet, constaté sa filiation et son origine. Dès ce moment, il doit être regardé comme né d'un Français. Or, l'article 10 ne distingue pas entre l'enfant naturel et l'enfant légitime. Il confère la nationalité française à « tout enfant né d'un Français. » D'ailleurs, pourquoi la reconnaissance du père n'attribuerait-elle pas à l'enfant la nationalité du père? Est-ce qu'elle ne lui attribue pas aussi le nom de celui-ci? Ne le soumet-elle pas à la puissance paternelle? — Par les mêmes rai-

(1) T. I, n° 154.

sons, l'enfant naturel prendrait la nationalité de la mère, s'il n'avait été reconnu que par celle-ci. L'art. 10 du Code civil parle, il est vrai, de l'enfant né d'*un Français*. Mais une telle expression est assez large pour s'appliquer aussi à l'enfant né d'*une Française*. C'est le cas de répéter, avec la loi 195 Dig. *De verborum significatione : « Pronuntiatio sermonis in sexu masculino ad utrumque sexum plerumque porrigitur. »*

14. Supposons maintenant que l'enfant a été reconnu par son père et par sa mère; l'un d'eux est Français, et l'autre étranger. Quel est celui qui lui communiquera sa nationalité?

Cette hypothèse est infiniment plus délicate que la précédente. Elle n'a pas donné lieu à moins de quatre systèmes.

15. Et tout d'abord le premier système, présenté par M. Richelot (1), offre à l'enfant le *choix* entre la nationalité du père et celle de la mère.

Il n'est pas besoin de s'arrêter à cette opinion. Elle n'a pas trouvé faveur dans la doctrine. En effet, en principe, la nationalité d'origine se détermine, non en vertu d'une option ou d'une manifestation de volonté, mais d'après la loi seule, qui fixe elle-même, d'une façon absolue, si, en naissant, on est ou non Français. On comprend d'ailleurs qu'il en soit ainsi. La nationalité se rattache à la fois au droit public, au droit international et au droit privé. C'est une matière trop importante pour la laisser soumise à l'arbitraire et au caprice individuel.

16. Frappé de cette nécessité, un second système a prétendu que la nationalité de l'enfant serait, dans notre hypothèse, la nationalité de la mère (2).

En effet, dit-on, la tradition historique est en ce sens. Ainsi, en droit romain, l'enfant né du *concubinatus* suivait la condition de sa mère, et non pas celle de son père, bien que cependant celui-ci fût connu : « *Partus ventrem sequitur.* » Cette règle était également absolue dans notre ancienne jurisprudence; elle s'appliquait même au cas où l'enfant aurait été reconnu par son père et par sa mère. Pothier est formel sur ce point. — Eh bien, lorsqu'une règle a traversé tant de siècles sans donner lieu à aucune critique, et que la loi nouvelle n'en

(1) T. I, p. 3.
(2) M. Duranton, t. I, n°ˢ 124 et 125.

contient pas l'abrogation expresse, ne doit-on pas la supposer maintenue ?

Sans doute, ajoute-t-on, l'on comprend que l'enfant suive la condition du père plutôt que celle de la mère, quand la personnalité de la mère est, par le mariage, étroitement liée et confondue en quelque sorte avec celle du père. Mais quand le mariage n'existe pas, les personnes de ceux qui ont reconnu l'enfant demeurent distinctes : l'enfant ne peut, dès lors, se rattacher d'une façon certaine qu'à l'une d'elles, à la mère.

On fait observer enfin que la solution proposée reste toujours conciliable avec les art. 9 et 10, qui, dans notre Code civil, ont trait à la nationalité d'origine. En effet, si l'on suppose d'abord que l'enfant est né *d'une Française* et *d'un étranger*, qui tous deux l'ont econnu, pourquoi forcer l'enfant à suivre la condition de l'étranger ? L'art. 9 n'autorise pas cette décision : car il statue, au contraire, dans la supposition que l'enfant, né en France d'un étranger, est étranger, et il lui ouvre la voie pour devenir Français. L'art. 10 n'est pas plus concluant : car il parle d'un enfant né d'un Français, et nous le supposons né d'une Française et reconnu par un étranger. A l'inverse, si l'on suppose l'enfant né d'une étrangère et reconnu par un père français, l'art. 10, qui comprend « *tout enfant né d'un Français* », tendrait, à première vue, à faire déclarer l'enfant Français. Mais il ne faut pas oublier que cette expression « *né d'un Français* » est générique : ce n'est pas un terme employé pour rattacher toujours la condition de l'enfant à celle du père.

16 *bis.* Mais ce système n'est pas plus admissible que celui qui précède. Que vient-on parler ici du droit romain ? N'y a-t-il pas un abîme entre cette législation et la nôtre ? En droit romain, le *concubinatus* ne produisait, entre le père et l'enfant, aucun lien, aucun rapport de puissance paternelle, tandis qu'aujourd'hui la reconnaissance produit un tel effet. De plus, lorsqu'il y a concours des deux reconnaissances, c'est le nom du père que l'enfant reçoit, c'est à la puissance du père qu'il est soumis : c'est la volonté du père qui l'emporte, en cas de dissentiment, sur celle de la mère, quand il s'agit du mariage de l'enfant. Aussi doit-on, à notre sens, admettre ici, par analogie de ce qui se passe quand il y a eu mariage, que la nationalité du père l'emportera sur celle de la mère.

17. Il est intervenu, il est vrai, un troisième système, qui pro-

pose une distinction (1). Si l'enfant naturel est reconnu par un père français et une mère étrangère, l'enfant aura la nationalité du père ; il sera Français, par application de l'art. 10, qui dit : « *Tout enfant né d'un Français est Français.* » D'un autre côté, si c'est la mère de l'enfant naturel qui est Française, l'enfant aura la nationalité de celle-ci, et sera encore Français. Alors il faut dire : *partus ventrem sequitur;* car, ajoute-t-on, il ne faut pas « qu'une seule goutte de sang français se détourne au profit des nations étrangères. »

Mais le vice d'une telle solution saute aux yeux. La distinction qu'elle propose est, en effet, toute de sentiment, et n'a rien de juridique. Ce motif suffit pour la faire rejeter.

18. Nous arrivons ainsi au quatrième système, le seul qui nous paraisse acceptable. L'enfant naturel reconnu par ses deux auteurs suit toujours la nationalité de son *père :* que celui-ci soit, d'ailleurs, étranger ou Français, peu importe.

Nous connaissons déjà la considération qui constitue l'argument fondamental de cette opinion : nous l'avons donnée pour réfuter ci-dessus le second système. C'est qu'il serait étrange que l'enfant naturel, soumis à l'autorité de son père qui l'a reconnu, portant de plus son nom, n'eût pas la même patrie que lui. Ne serait-ce pas consacrer une cause d'indépendance, sinon de désunion, entre deux êtres que pourtant la loi a faits dépendants l'un de l'autre ?

Nous disons que ce principe doctrinal est le plus puissant argument que nous puissions invoquer; car nous n'admettons pas que l'on vienne jeter, dans ce débat, les art. 9 et 10 du Code civil. Encore une fois, les mots « *français* » et «*étranger*», employés par ces articles, sont génériques ; ils comprennent indistinctement la femme et l'homme ; ils ne peuvent donc rien décider dans la question.

On a pourtant voulu ébranler notre principe par une triple objection.

1° Il en résulte, dit-on, qu'il dépendra d'un étranger de dépouiller l'enfant de sa nationalité française. Supposez, en effet, un enfant qui est reconnu tout d'abord par sa mère, qui est Française. Quinze ou vingt ans après, se produit un acte de reconnaissance émanant d'un étranger qui se dit son père.

(1) M. Coin-Delisle, art. 10, nos 10 et 11.

Cet acte n'est peut-être qu'un odieux mensonge, et cependant il fera perdre la qualité de Français à l'enfant.

2° L'enfant pourra-t-il contester une telle reconnaissance ? Cela lui sera le plus souvent impossible. Il devrait, en effet, administrer, comme preuve, l'impossibilité physique de cohabitation entre sa mère et celui qui l'a reconnu, durant le temps qui s'est écoulé depuis le trois centième jusqu'au cent quatre-vingtième jour avant sa naissance. N'est-ce pas là s'engager dans une démonstration impraticable ?

3° Enfin, poursuit-on, s'il s'agit d'un Français qui vient reconnaître l'enfant d'une femme étrangère, il se peut que les lois du pays de cette femme attribuent toujours à l'enfant naturel la nationalité de la mère. Et alors l'enfant aurait deux patries !

18 *bis*. Aucune de ces objections ne nous paraît **pourtant** péremptoire. Deux mots seulement suffisent pour le démontrer. Un étranger, dit-on, pourra dépouiller l'enfant de sa qualité de Français. A cela, nous faisons deux réponses, l'une de droit, l'autre de fait.

En droit, pourquoi ne regarderait-on pas un tel effet comme pouvant découler de la reconnaissance ? Celle-ci fera bien prendre à l'enfant le nom du père ; elle le soumettra à la puissance paternelle ; elle attribuera au père des droits à la succession de l'enfant. Ces effets-là sont-ils donc moins considérables que la transmission de la nationalité ?

D'ailleurs, *en fait*, la reconnaissance se produira le plus communément au moment de la naissance de l'enfant ou peu de temps après. En supposant qu'elle n'ait lieu que plus tard, le plus souvent le père, avant de reconnaître l'enfant, lui aura prodigué ses soins : dans ces circonstances, l'enfant se gardera bien de contester la reconnaissance.

Au surplus, voulût-il le faire, que cela, pour être difficile, ne serait pas cependant impossible. Et puis, on ne peut pas, dans notre question, essayer d'ébranler un principe par une considération de fait, en invoquant des difficultés de preuve. Sinon, on détourne le débat de la voie qu'il doit suivre, et l'on substitue à une question de droit une question de législation. Pour critiquer un des effets de la reconnaissance, on s'attaque à la reconnaissance même et aux règles qui l'organisent.

Ajoutons enfin que le système opposé au nôtre, celui qui confère toujours à l'enfant naturel reconnu la nationalité de la mère, aboutirait, lui aussi, à une conséquence absolument identique à celle qu'on nous reproche. Supposons, en effet, un enfant reconnu seulement, d'abord par un Français, puis ensuite et longtemps après, reconnu par une étrangère. Le système qu'on nous oppose ne sera-t-il pas obligé, lui aussi, de décider que l'enfant perdra la qualité de Français pour prendre la nationalité maternelle ?

On a encore objecté, il est vrai, que, dans notre système, il pourrait se réaliser telle hypothèse où l'enfant aurait deux patries ! Mais il suffit de répondre qu'après tout ce ne sera pas le seul cas où les lois de deux pays différents revendiqueront le même individu. Ainsi, par exemple, en Angleterre, on applique encore le *jus soli*. Donc l'enfant né d'un Français en Angleterre est *Anglais* d'après la coutume anglaise, et *Français* d'après la loi française : lui aussi aura deux patries ! (Comp., Douai, 19 mai 1835 (Dev. 38, 2, 97) ; Cass., 15 juillet 1840 (Dev. 40, 1, 900) ; Metz, 8 août 1855 (Dev. 57, 2, 35).

19. Nous savons maintenant dans quels cas l'enfant prend la nationalité de son père, dans quels cas, au contraire, il prend celle de sa mère.

Mais il importe aussi de savoir, dans ces différents cas, quel moment on devra considérer pour déterminer la nationalité de l'enfant. Se placera-t-on au moment de la naissance, ou au moment de la conception ? La question peut avoir de l'intérêt : car l'auteur, dont l'enfant doit suivre la condition, a fort bien pu changer de nationalité dans l'intervalle de la conception à la naissance. Ainsi, par exemple, Pierre, Français d'origine, marié avec Sophie, se fait naturaliser durant la grossesse de celle-ci, en Angleterre. Au moment de l'accouchement de Sophie, Pierre est devenu Anglais : quelle sera la nationalité de l'enfant? Si vous vous attachez au moment de la conception, remontant ainsi à l'époque de la gestation de la mère, l'enfant sera Français ; si, au contraire, vous vous attachez à l'époque de l'accouchement, il sera étranger. Que faut-il décider ?

Trois opinions ont été émises sur cette question.

20. *Premier système.* — La première doctrine enseigne qu'on ne doit jamais s'attacher qu'au moment même de la naissance.

Elle invoque d'abord le texte même de la loi. L'art. 9 dit : « Tout enfant *né* d'un étranger. » L'art. 10 dit : « Tout enfant *né* d'un Français. » On voit qu'il n'est point question, dans ces textes, d'autre chose que de la naissance.

Et cela, ajoute-t-on, est conforme à la *vérité* et à la *nature*. L'enfant, en effet, tant qu'il est dans le sein de sa mère, n'est point encore une personne ; il ne compte point dans la société humaine autrement qu'à titre d'espérance. Il n'est donc et ne peut être membre d'aucune nation.

21. *Deuxième système.* — Une seconde opinion distingue entre l'enfant légitime et l'enfant naturel. L'enfant légitime, nous l'avons dit, suit la nationalité de son père ; l'enfant naturel, au contraire, suit la nationalité de sa mère (et cela toujours, sauf le cas exceptionnel où son père l'aurait reconnu, soit volontairement, soit judiciairement). Eh bien, dit-on, si la femme était mariée, la nationalité de l'enfant se déterminera par celle du père au moment de la *conception ;* pour l'enfant naturel, au contraire, il ne faut s'attacher qu'à l'époque de la *naissance,* de même qu'il est destiné à suivre la condition de la mère.

Pour étayer cette théorie, on fait remarquer d'abord que les art. 9 et 10 ne tranchent nullement la question. Les mots qu'ils emploient, « Né d'un Français, » « né d'un étranger, » ont uniquement pour but de déterminer les conséquences de cette filiation et de cette origine différentes ; mais la loi n'a pas eu en vue la détermination précise du moment où la filiation devra être appréciée et caractérisée, c'est-à-dire que le mot « *né* » est employé ici comme synonyme du mot *issu.*

C'est donc la nature elle-même qui, dans le silence des textes, doit ici servir de guide. Or, quand une femme mariée est enceinte, l'enfant, devant recevoir la condition de son père, ne peut évidemment la recevoir qu'au moment même de la *conception ;* car, une fois conçu, il devient indépendant du père ; la gestation est l'œuvre exclusive de la mère, et le père peut mourir sans que l'état de l'enfant en soit aucunement affecté. Il est évident, par exemple, que l'enfant conçu pendant le mariage naîtra légitime, lors même qu'au moment de l'accouchement, la femme, étant devenue veuve, ne serait plus mariée (art. 312, 315) : *momentum patris, momentum conceptionis.* — Au contraire, lorsqu'il s'agit d'un enfant naturel qui, lui, reçoit la condition de sa mère, il ne peut la recevoir qu'au moment de sa *naissance ;* car, jusques-là, il n'est, par rapport à elle, qu'une partie d'elle-même, souffrant quand elle souffre, succombant le plus souvent quand elle meurt : *momentum matris, momentum editionis*. Il faut donc accepter ici la tradition constatée par Ulpien (*Reg.*, titre V, § 10), et admise aussi dans notre ancien droit : « *In his qui jure contracto matrimonio nascuntur, conceptionis tempus spectatur ; in his autem qui non legitime concipiuntur, editionis.* »

Il faut accepter ces principes ; ils sont parfaitement exacts. Mais nous proposons d'aller plus loin encore dans les déductions qui en découlent logiquement, et de combiner ces principes avec la règle « *infans conceptus pro jam nato habetur, quoties de commodis ejus agitur* » (L. 7 Dig. *De statu hominum;* art. 725, 906, 961, Code civil) Cette règle nous paraît, dans certains cas, devoir modifier les conséquences de la doctrine adoptée. Voici donc notre formule.

22. *Troisième système.* — Il suffit, pour qu'un enfant (légitime ou naturel, peu importe) naisse Français, que la personne dont il doit suivre la condition (son père ou sa mère) ait été Française, soit au moment de sa conception, soit au moment de sa naissance, soit même dans l'intervalle de ces deux époques (Comp. M. Demolombe, t. I, p. 171).

Voici comment nous raisonnons. Au point de vue des vrais principes, on ne peut être Français ou étranger, appartenir à telle ou telle nation, qu'autant qu'on est déjà né : ce n'est que par une fiction introduite en faveur de l'enfant qu'on peut le réputer né du jour de sa conception ; ce n'est qu'en vertu d'une fiction qu'il peut être, dans le sein de sa mère, héritier ou légataire. La fiction, étant introduite en faveur de l'enfant, ne doit point, par conséquent, être retournée contre lui : *beneficia non sunt retorquenda*. Or, quel peut être, aux yeux de la loi française, l'intérêt véritable de l'enfant, lorsque les principes ne viennent pas rigoureusement l'entraver ? C'est évidemment de naître Français. Il faut donc lui accorder cette qualité, toutes les fois qu'à un moment quelconque, depuis la conception jusqu'à l'accouchement, celui ou celle dont il doit suivre la condition aura appartenu à la nationalité française.

Voici maintenant l'application de cette doctrine. Prenons les deux exemples suivants :

Un homme et une femme étrangers, légitimement mariés, se sont fait naturaliser en France au moment où la femme était déjà enceinte. Si vous admettez le second système, l'enfant

2

naîtra étranger : car il doit suivre la condition de son père. Or, au moment de la conception (*momentum patris*), le père était étranger : l'enfant sera donc étranger.

Quant à nous, nous pensons qu'il naîtra Français. En effet, il ne serait né étranger qu'en vertu de la fiction : *infans conceptus pro jam nato habetur, quoties de commodis ejus agitur*. Mais alors, vous retournez la fiction contre lui. Donc revenons à la réalité des choses. Au point de vue de la loi française, il est de l'intérêt de l'enfant de naître Français : il faut donc admettre qu'en effet il naîtra Français.

De même (et c'est notre second exemple), supposez qu'une femme française, non mariée, soit enceinte, et qu'elle soit devenue étrangère à l'époque de l'accouchement : le deuxième système devrait déclarer l'enfant étranger. Mais, pour nous, les motifs déjà indiqués nous portent à croire qu'il sera Français. D'une part, l'enfant conçu est réputé né lorsqu'il s'agit de son intérêt : or, nous devons considérer qu'il est de son intérêt d'être Français. D'autre part, les art. 725 et 906 lui étaient applicables ; car le premier de ces articles déclare que, pour être capable de succéder, il faut être au moins conçu au moment de l'ouverture de la succession ; le second, que, pour être capable de recevoir entre-vifs, il suffit d'être conçu au moment de la donation, et que, pour être capable de recevoir par testament, il suffit d'être conçu à l'époque du décès du testateur. Si donc une donation lui avait été faite, à lui simplement conçu, à l'époque où sa mère était Française, il aurait pu la recevoir : il n'est pas possible d'admettre que la naturalisation ultérieure de sa mère en pays étranger lui enlève un droit acquis.

23. Des développements qui précèdent, il résulte qu'en thèse générale, pour naître Français, il faut naître de parents français. A l'inverse, est étranger l'enfant qui naît de parents étrangers. Mais cette double proposition suppose connue la nationalité des parents.

Or, il est une hypothèse qui ne rentre ni dans l'un ni dans l'autre de ces cas, et qui a donné lieu à une question controversée. Il s'agit d'un enfant né en France de parents qui ont perdu leur nationalité étrangère, sans d'ailleurs avoir acquis la nôtre, de parents qui, par conséquent, n'ont plus de patrie. Par exemple, ce sont deux époux belges, qui ont quitté leur pays sans esprit de retour, pour venir s'installer en France. On sait que, d'après la législation belge, un abandon aussi complet de la patrie fait perdre la nationalité. La même disposition se trouve d'ailleurs dans notre Code civil (art. 17). Voilà donc des époux qui n'ont plus de patrie. Ils ont un enfant pendant qu'ils habitent la France. Quelle sera la nationalité de celui-ci ?

24. Un premier système soutient que cet enfant doit être regardé comme Français d'origine. Voici comment il raisonne.

Et d'abord, dit-on, on ne peut pas déterminer la nationalité de l'enfant d'après celle du père. On ne peut pas dire : l'enfant n'est pas Français, parce que son père ne l'est pas lui-même. En effet, le principe d'après lequel l'enfant suit la condition de son père *jure sanguinis* suppose que le père a une nationalité. Mais quand le père n'en a pas, il n'en transmet aucune à son enfant.

Peut-on dire, ajoute-t-on, qu'il y a lieu d'appliquer l'art. 9 du Code civil, ce qui reviendrait à regarder l'enfant comme né en France d'un étranger, et l'autoriserait à opter dans l'année qui suit sa majorité ? En aucune façon ; car l'art. 9 suppose l'enfant né d'un étranger, c'est-à-dire né d'un père dont la nationalité étrangère est déterminée. Or, dans l'espèce, il est sans patrie.

Donc, conclut-on, puisqu'on ne peut point appliquer le *jus sanguinis*, puisqu'on ne peut pas davantage appliquer le bienfait de la loi auquel se réfère l'art. 9, il faut bien en revenir à l'ancien principe du *jus soli*. L'enfant dont il s'agit est donc Français par cela seul qu'il est né en France. Tel est le système professé par M. Demante (*Cours analytique de Code civil*, t. I, p. 66 et suiv.).

25. Nous ne croyons pas devoir l'admettre, et nous nous rallions de préférence au second système, suivant lequel l'enfant dont il s'agit naît étranger, sauf pour lui la faculté de profiter de la faveur inscrite dans l'art. 9.

Notre raisonnement est bien simple. Aux termes de l'art. 10, est Français « tout enfant né d'un Français. » Or, dans l'espèce, le père est-il français ? Non, puisqu'on le suppose sans patrie : et il ne lui suffit pas, pour être devenu Français, qu'il ait perdu la nationalité étrangère : il faudrait qu'il se fût fait naturaliser. Donc, logiquement et nécessairement, l'enfant de cet individu naît lui-même étranger (Comp. M. Laurent, t. I, n° 334).

Ainsi, il faut que le père soit Français pour transmettre la nationalité française à son enfant. La règle est certaine.

26. Mais on s'est demandé si, du moins, elle était rigoureuse à ce point qu'il faudrait regarder encore comme étranger l'enfant qui serait né en France d'un étranger admis par un décret du chef de l'Etat à établir son domicile en France, aux termes de l'art. 13 du Code civil.

Quelques auteurs ont pensé qu'ici du moins il faudrait faire fléchir le principe. Tel est l'avis de M. Delvincourt (1). M. Valette (2) partage cette opinion, pour le cas où l'autorisation de domicile n'aurait été demandée par l'étranger qu'en vue de se faire naturaliser Français.

27. Mais, même avec ce tempérament, nous ne saurions souscrire à une telle doctrine.

Il faut remarquer d'abord que l'autorisation, dont parle l'art. 13, ne confère que la jouissance des droits civils, sans faire perdre à l'étranger sa nationalité étrangère. De plus, il paraît difficile d'admettre une distinction entre le cas où l'étranger, autorisé par le chef de l'Etat à établir son domicile en France, n'a pas l'intention d'abdiquer sa patrie, et celui où il a, en réalité, perdu tout esprit de retour, et n'a demandé l'autorisation d'établir son domicile en France que pour se faire ensuite naturaliser Français. *En fait,* cette distinction pourra exister ; mais, *en droit,* on ne saurait l'admettre : l'étranger reste toujours tel, tant qu'il n'a pas été naturalisé. Il pourrait parfaitement d'ailleurs, avant d'être devenu Français par la naturalisation, abandonner la France, ou se voir retirer son autorisation de domicile.

CHAPITRE II.

DE L'ACQUISITION DE LA QUALITÉ DE FRANÇAIS PAR L'EFFET DE LA NATURALISATION. — PRÉLIMINAIRES ET GÉNÉRALITÉS.

28. La naturalisation, prise dans son sens le plus large, peut être définie : un acte de la puissance publique, par suite duquel un étranger perd sa nationalité d'origine et devient citoyen

(1) T. I, p. 189, note 1.
(2) *Sur Proudhon,* t. I, p. 175.

d'un nouvel Etat, où il est admis à jouir désormais de tous les droits civils accordés aux régnicoles.

29. La naturalisation, en prenant ce mot dans cette acception compréhensive, peut s'accomplir de trois manières :

1° Par la réunion à la France d'un territoire étranger;

2° Par le mode général et ordinaire de naturalisation établi à l'usage des étrangers, soit par le Code civil, soit par les actes législatifs antérieurs ou postérieurs à ce code, qui sont encore en vigueur ;

3° Par les modes *spéciaux* et privilégiés de naturalisation, que le Code civil, combiné avec quelques lois particulières, accorde à certains étrangers, que le législateur a jugés plus dignes de faveur que les autres (de l'acquisition de la qualité de Français par le *bienfait* de la loi).

Nous ne nous occuperons pas ici de l'acquisition de la qualité de Français par la réunion à la France d'un territoire étranger : nous nous bornerons à dire que cette naturalisation opère *ipso facto*, d'une manière *réelle*, *générale* et *collective* (Comp. le traité du 24 mars 1860, entre la France et la Sardaigne ; le sénatus-consulte du 12 juin 1860; voy. MM. Aubry et Rau, t. I, § 72, et M. Demolombe, t. I, n° 157; ajoutez le décret des 30 juin-12 juillet 1860). Cette matière appartient surtout au droit public et au droit politique. — Comp. le sénatus-consulte du 14 juillet 1865.

30. Nous mentionnerons également pour mémoire le mode de naturalisation dite ordinaire ou proprement dite. Nous nous référons ici à l'acquisition de la qualité de Français par l'accomplissement des conditions habituellement requises des étrangers, aux termes des actes législatifs, soit antérieurs, soit postérieurs à la promulgation du Code civil. Pour déterminer comment s'opère cette naturalisation, il faut combiner l'art. 3 de la constitution du 22 frimaire an VIII avec la loi des 13-21 novembre, 3-11 décembre 1849, complétée et modifiée par la loi du 29 juin 1867.

Six conditions nous paraissent dès lors à la fois nécessaires et suffisantes aujourd'hui : — 1° Avoir, après l'âge de 21 ans accomplis, obtenu du gouvernement l'autorisation d'établir son domicile en France, conformément à l'art. 13 du Code civil (art. 1, l. 29 juin 1867); — 2° avoir effectivement résidé (1) en France durant trois années ; ce stage de trois ans commence à courir du jour où la demande formée par l'étranger, pour être admis à établir son domicile en France, a été enregistrée au ministère de la justice (art. 1, l. du 29 juin 1867) ; — 3° aux termes de l'art. 2 de la loi du 29 juin 1867, le stage peut être réduit à une année, non seulement pour les diverses causes indiquées dans la loi du 3 décembre 1849, art. 2, mais encore en faveur des étrangers qui ont créé en France de grandes exploitations *agricoles;* — 4° il faut une enquête du gouvernement sur la moralité de l'étranger (art. 1 *in fine,* l. du 29 juin 1867) ; — 5° le conseil d'État doit être *entendu* et donner son avis (art. 1 *in fine,* l. du 29 juin 1867). Le chef du gouvernement est d'ailleurs indépendant et peut rendre une décision autorisant la naturalisation, même malgré l'avis contraire du conseil d'État. — 6° Il est statué sur la demande en naturalisation par un décret (2) du chef de l'État, rendu sur le rapport du ministre de la justice. Il faut donc un acte du pouvoir exécutif répondant favorablement à la demande de l'étranger (art. 1, *dernier alin.,* l. du 29 juin 1867).

Il n'y a plus lieu de distinguer aujourd'hui la naturalisation *simple* et la *grande* naturalisation. Tout étranger, devenu Français par la réunion des diverses conditions énumérées plus haut, acquiert la plénitude de la capacité *civile* et *politique :* il devient non seulement électeur, mais même éligible ; il peut être appelé à siéger dans les assemblées politiques. — Voy. l'art. 28 de la constitution du 14 janvier 1852 ; — rapprochez les art. 12 et 26 du décret du 2 février 1852 ; — consultez surtout les termes formels de la loi du 29 juin 1867, art. 1 et 3.

31. A côté de la naturalisation ordinaire, il y a la naturalisation par les modes *spéciaux* et *privilégiés,* accordés à certains étrangers, que le Code civil et des lois antérieures ou postérieures à la promulgation de ce Code ont jugés particulièrement dignes de faveur ; en d'autres termes, il y a l'acquisition de la qualité de Français par le bienfait de la loi. (Comp. M. Demolombe, t. I, nᶜˢ 161-172 ; — MM. Aubry et Rau, t. I, § 70).

(1) Le séjour en pays étranger, pour l'exercice d'une fonction conférée par le gouvernement français, est assimilé à la résidence en France par l'art. 1ᵉʳ, al. 3, de la loi du 29 juin 1867.

(2) Il eût peut-être été plus conforme aux vrais principes d'exiger une loi. Voyez les judicieuses observations présentées au Corps législatif lors de la discussion de la loi du 29 juin 1867.

On peut distinguer aujourd'hui dix circonstances principales, dans lesquelles peut se réaliser l'acquisition de la qualité de Français par le bienfait de la loi. Parmi ces différents modes de naturalisation privilégiée, les uns servent à faire *obtenir* le bénéfice de la nationalité française, dont une personne avait toujours été privée, les autres permettent de *recouvrer* la qualité de Français précédemment perdue. Cinq d'entre eux sont organisés par les textes mêmes du Code civil; les cinq autres procèdent de lois particulières, la plupart postérieures à la promulgation de ce Code.

Voici les différents cas auxquels il est ici fait allusion : — 1° Il s'agit des individus nés en France d'un étranger (art. 9 Code civil); — 2° il s'agit d'individus nés en pays étranger de parents, français d'origine, mais qui ont ensuite perdu cette qualité (art. 10, al. 2); — 3° il s'agit des femmes étrangères qui épousent des Français (art. 12); — 4° il s'agit de personnes, françaises d'origine, mais qui avaient perdu cette qualité par la naturalisation acquise en pays étranger (art. 18); — 5° il s'agit des femmes, françaises de naissance, qui ont épousé des étrangers, et qui, étant devenues veuves, désirent recouvrer la qualité de Françaises que leur mariage leur avait fait perdre (art. 19, al. 2); — 6° il s'agit des étrangers qui ont subi la loi du recrutement et se sont laissé enrôler dans les armées françaises de terre ou de mer, sans exciper de leur extranéité et sans protester contre l'erreur commise à leur préjudice (l. 22-25 mars 1849); — 7° il s'agit des individus nés en France d'étrangers qui eux-mêmes y étaient nés (l. 22-29 janvier, 7-12 février 1851 et lois des 16-29 décembre 1874); — 8° il s'agit des enfants nés de parents d'origine étrangère, qui se sont fait naturaliser en France (l. 7 février 1851, art. 2); — 9° il s'agit des descendants de personnes expatriées pour cause de religion (décr. 9-15 décembre 1790, art. 22); — 10° il s'agit des étrangers ayant pris part à la guerre contre la Prusse (décr. 26 oct. 1870; aj. décr. 19 novembre 1870).

32. Nous nous proposons de nous occuper ici principalement de la *situation juridique des individus nés en France d'un étranger*.

CHAPITRE III.

SITUATION JURIDIQUE DES INDIVIDUS NÉS EN FRANCE D'UN ÉTRANGER.

33. Nous savons que, dans l'ancien droit, tout individu né en France de parents étrangers était Français (1) : c'était l'application de ce qu'on appelait le *jus soli*. La même règle fut également consacrée par les lois de la Révolution. Lors de la confection du Code civil, le premier consul en demandait le maintien, afin de pouvoir appeler sous ses drapeaux tous les individus natifs du sol français. Le Tribunat au contraire soutenait qu'il était plus rationnel de considérer comme étrangers les enfants nés en quelque lieu que ce soit, fût-ce même en France, de parents étrangers, et de ne regarder comme Français que les enfants nés soit en France, soit en pays étranger, de parents français. Cette dernière idée prévalut et amena la consécration du *jus sanguinis*. Mais les motifs invoqués pour faire admettre l'autre principe étaient trop sérieux pour qu'on n'en tînt pas un certain compte.

Aussi les enfants nés en France de parents étrangers ne furent pas placés sur la même ligne que les étrangers ordinaires. On leur permit d'acquérir la nationalité française par le bienfait de la loi. L'art. 9 du Code civil est ainsi conçu : « Tout individu né en France d'un étranger pourra, dans l'année qui suivra l'époque de sa majorité, réclamer la qualité de Français ; pourvu que, dans le cas où il résiderait en France, il déclare que son intention est d'y fixer son domicile, et que, dans le cas où il résiderait en pays étranger, il fasse sa soumission de fixer en France son domicile, et qu'il l'y établisse dans l'année à compter de l'acte de soumission. »

34. Nous allons voir en quoi consiste le privilège consacré par cette disposition, et quel en est le fondement rationnel ; à quels enfants il s'applique ; à partir de quelle époque il peut et doit être exercé ; quelle est enfin l'étendue de ses effets. Puis nous examinerons les modifications profondes apportées à

(1) Il ne faut cependant pas perdre de vue qu'à un certain moment de l'ancienne jurisprudence, en face de ce principe qui descendait de la féodalité, s'en éleva un autre, appliqué cumulativement avec le premier. En vertu de cette règle nouvelle, l'enfant qui naissait de parents français, même en pays étranger, fut aussi Français, *jure sanguinis*. Voir *suprà*, n° 2.

l'art. 9 du Code civil par les lois du 22 mars 1849 et du 7 février 1851, art. 1 et 2, en y ajoutant les dispositions de la loi des 16-29 décembre 1874. Chacun de ces points formera l'objet de l'une des huit sections suivantes.

SECTION PREMIÈRE.

EN QUOI CONSISTE LE PRIVILÈGE CONSACRÉ PAR L'ART. 9 DU CODE CIVIL, ET QUEL EN EST LE FONDEMENT RATIONNEL ?

35. L'enfant, né en France d'un étranger, peut acquérir la qualité de Français sous des conditions faciles. Le Code exige seulement : — S'il réside déjà en France, qu'il déclare son intention d'y fixer son domicile ; s'il réside en pays étranger, qu'il fasse sa soumission de fixer en France son domicile, et qu'il l'y établisse dans l'année à compter de l'acte de soumission.

36. Ces formalités sont à la fois suffisantes et nécessaires. Une fois remplies, elles rendent efficace la réclamation de l'enfant ; le gouvernement ne peut pas la repousser, et il est même inutile qu'il y réponde par la concession de lettres de naturalisation. — Cass. rej., 19 août 1844 (Dev. 44, 1, 776).

Mais elles doivent être strictement accomplies. Ainsi la déclaration de soumission ne peut être présumée ni suppléée par des équivalents. C'est en vain, par exemple, qu'on invoquerait un enrôlement dans l'armée française et une résidence continuelle sur le territoire. L'art. 9 consacre, en effet, une naturalisation *exceptionnelle :* or les exceptions sont de droit étroit, et pour s'en prévaloir, il faut observer toutes les formalités requises par la loi. D'ailleurs, l'étranger qui profite de l'art. 9, abdique sa patrie d'origine, en même temps qu'il acquiert une patrie nouvelle ; il renonce du même coup à sa nationalité, le plus précieux des droits : l'on comprend qu'un acte aussi grave ne puisse être implicite, mais doive résulter d'une déclaration formelle. — Cass. 8 juillet 1846 (D. P. 46, 1, 263) ; — Douai, 17 janvier 1848 (D. P. 48, 2, 164).

37. Ajoutons que notre article n'ayant pas indiqué en quel lieu devait être faite la déclaration ou la soumission prescrite par notre art. 9, il est naturel de penser qu'elle sera régulière, si elle est reçue par la municipalité soit du lieu où réside

actuellement le déclarant, soit du lieu où il veut établir son domicile. Il est même admis que la compétence de l'officier de l'état civil à cet égard n'est pas exclusive : c'est ce qui résulte de la discussion qui eut lieu au conseil d'Etat. Les individus résidant à l'étranger feront donc valablement leur soumission devant un agent diplomatique ou consulaire français. S'ils se trouvent sur un vaisseau ou à l'armée, ils feront leur déclaration dans la forme réglée pour les actes de l'état civil dans ces circonstances (art. 59 et 88 Cod. civ.) (1).

38. L'art. 9 du Code civil est fondé sur deux motifs.

D'abord on a pensé que l'enfant étranger, qui aurait reçu le jour sur la terre de France, aurait toujours pour elle cet attachement instinctif que la nature a mis dans le cœur de l'homme pour les contrées qui l'ont vu naître. Seulement, la loi tient à s'assurer de la sincérité de cet attachement ; elle veut que l'enfant le manifeste, en venant s'établir sur le sol natal.

Ensuite, le plus souvent, né en France, l'étranger y aura été élevé : il en aura pris les mœurs et les habitudes ; et ainsi, suivant l'expression de Merlin, dès avant sa naturalisation, il sera devenu « un Français commencé. »

SECTION I.

A QUELS ENFANTS S'APPLIQUE LE BÉNÉFICE DE L'ART. 9 ?

39. Tout d'abord, il est certain que la disposition de l'art. 9 n'a pu s'étendre aux enfants étrangers déjà nés au moment de la promulgation du Code. En effet, s'ils sont nés en France, ils sont devenus Français de plein droit, en vertu de l'ancien principe du *jus soli* (2).

Un auteur a même prétendu que cette solution était applicable aux enfants étrangers, nés en France postérieurement à la promulgation du Code, mais déjà conçus à cette époque.

Nous pensons néanmoins, avec la jurisprudence, que cette idée est inexacte ; car, s'il est vrai qu'autrefois l'enfant né en France de parents étrangers était Français de plein droit, du moins fallait-il qu'il fût né : tant qu'il n'était que conçu, il

---

(1) Comp. MM. Aubry et Rau, t. I, § 70, texte et note 6.
(2) Req. rej. 8 thermidor an X (S. 3, 1, 368) ; — Paris, 13 novembre 1841 (S. 41, 2, 609) ; — Douai, 1ᵉʳ juin 1855 (S. 55, 2, 591) ; — Civ. Cass., 5 mai 1862 (S. 62, 1, 657).

n'avait pas, quant à sa nationalité, un droit acquis, placé à l'abri des innovations législatives. D'ailleurs, l'art. 9 vise « *tout* individu *né* en France d'un étranger, » sans distinguer sous l'empire de quelle loi se plaçait sa conception (1).

40. Remarquons qu'aucune distinction n'est faite entre les enfants légitimes et les enfants naturels : dès lors, les uns et les autres peuvent invoquer le bénéfice de l'art. 9.

41. Dans tous les cas, il faut que trois conditions se trouvent réunies dans la personne de l'enfant : 1º qu'il soit né ; 2º que le lieu de sa naissance soit sur le sol français ; 3º que son auteur soit étranger. Reprenons ces trois propositions.

42. 1º Il faut que l'enfant étranger soit *né* en France. Dès lors, que décider si l'enfant avait été simplement *conçu* en France, et qu'il fût né en pays étranger ? Pourrait-il invoquer l'art. 9 ?

M. Richelot (2) incline pour l'affirmative, en s'appuyant sur la fiction qui répute né l'enfant conçu, chaque fois que son intérêt l'exige ou le réclame.

43. Nous ne pouvons point adhérer à cette opinion. D'abord l'art. 9 ne vise que l'individu *né* en France d'un étranger : il faut d'autant moins étendre ce texte, qu'il régit une matière exceptionnelle. De plus, pourquoi a-t-on facilité la naturalisation de l'enfant né en France d'un étranger ? Parce que l'homme éprouve toujours une affection naturelle pour la terre sur laquelle il a porté ses premiers regards ; parce que, vraisemblablement aussi, il y reçoit la première éducation. Or ces raisons ne s'appliquent pas à l'enfant simplement conçu en France. — Enfin quelles inextricables difficultés l'on éprouverait pour constater d'une façon certaine que l'enfant a été réellement conçu en France ! Le moment de la conception n'est-il pas incertain et sujet à mille contestations (3) ?

44. 2º Il faut que le lieu de la naissance soit le *territoire français*. Une question surgit à ce propos. Lorsque l'enfant d'un étranger vient à naître en mer sur un navire français, doit-il être considéré comme né en France ? (Art. 9 Code civil.)

Il faut distinguer s'il s'agit d'un vaisseau de guerre ou d'un vaisseau marchand. — La naissance a-t-elle eu lieu sur un vaisseau de guerre ? alors l'enfant est toujours réputé né

---

(1) Req. rej., 15 juillet 1840 (S. 40, 1, 900).
(2) T. I, p. 69, note 21.
(3) Cass., 15 janvier 1840 (S. 40, 1, 900).

sur le territoire français : car le vaisseau de guerre, en quelque lieu qu'il se trouve, est regardé comme la continuation du territoire de la nation à laquelle il appartient. — La naissance a-t-elle eu lieu sur un navire marchand? alors l'enfant ne sera réputé né sur le sol français que si le navire, au moment de la naissance, voguait en pleine mer : si ce vaisseau marchand se trouvait près d'une côte, dans les eaux territoriales d'un Etat étranger, l'enfant sera censé né sur le territoire de cet État.

45. D'après le droit des gens, l'hôtel d'un ambassadeur est regardé comme faisant partie du territoire de la nation que cet ambassadeur représente. Aussi, de prime abord, on pourrait être tenté d'étendre le privilège de l'art. 9 aux enfants nés à l'étranger dans l'hôtel des ambassadeurs français, et à le refuser, à l'inverse, à ceux nés en France dans les hôtels des ambassadeurs étrangers. Mais la fiction qui répute sol étranger l'hôtel de l'ambassadeur n'existe que relativement à celui-ci, envisagé comme représentant de sa nation. La règle d'exterritorialité établie, en faveur des ministres étrangers, n'a une application légitime qu'autant qu'elle est justifiée par les besoins de la fonction qu'ils remplissent. Ce principe du droit des gens ne peut donc influer sur l'état civil de l'enfant (1).

46. Lors de la rédaction de l'art. 9 du Code civil, il a été déclaré que, pour l'application de cet article, la naissance dans les colonies équivaudrait à la naissance en France (Locré, t. II, p. 249). Par suite, l'invidu né en Algérie de parents étrangers peut réclamer la qualité de Français. Seulement, suivant la jurisprudence, il importerait d'examiner sur quelle partie du territoire français cet individu aurait manifesté l'intention de fixer son domicile. S'il avait choisi la terre algérienne pour lieu de son établissement, il devrait être considéré comme Français-Algérien : par suite, il serait soumis à la situation juridique que des lois spéciales ont faite à cette catégorie particulière de Français (2).

47. Notons encore qu'à la suite de l'annexion de la Savoie et de Nice à la France, un décret du 30 juin 1860 a concédé aux sujets sardes, encore mineurs lors de l'annexion et nés en Savoie ou dans l'arrondissement de Nice, la faculté de réclamer, dans l'année de leur majorité, la nationalité française, en se

(1) Comp. Dalloz, v° *Droit civil*, n° 129.
(2) Comp. Paris, 18 mars 1868 (D. P. 69, 2, 56).

conformant à l'art. 9 du Code civil. Ce décret a ainsi considéré comme nés en France des enfants qui, en réalité, avaient reçu le jour sur un sol étranger.

48. 3° Enfin, il faut que l'auteur de l'enfant soit un *étranger*. Sur cette condition on a soulevé, dans la doctrine, trois questions que nous mentionnerons rapidement.

49. D'abord, on s'est placé en présence de l'enfant d'un étranger autorisé à établir son domicile en France (art. 13 Code civil).

M. Delvincourt (t. I, p. 189, note 1) enseigne que cet enfant est Français dès sa naissance, et que par suite l'art. 9 ne lui est pas applicable.

Mais cette idée est inadmissible. L'enfant, au moment de sa naissance, suit la condition de son père. Or un étranger, autorisé à fixer en France son domicile, demeure étranger; par conséquent son enfant naît étranger, et si cet enfant veut devenir Français par un mode privilégié, il doit recourir à l'art. 9. Par identité de raison, la même solution s'applique à l'enfant né d'un étranger établi en France à perpétuelle demeure (1).

50. On a demandé quelle serait la position de l'enfant né en France de *parents qui n'auraient plus de patrie*. Cet enfant, a-t-on dit, ne pourra pas invoquer l'art. 9 du Code civil, parce qu'il est né Français. D'ailleurs, on conçoit qu'on exige la déclaration requise par l'art. 9 chez celui auquel le choix est offert entre deux patries; mais il serait dérisoire de la demander à celui qui n'aurait pas de patrie : il doit accepter la patrie que la naissance sur notre sol lui a donnée.

De plus, dans notre ancien droit, un double principe était suivi : on regardait comme Français d'origine, tout à la fois celui qui naissait de parents français, et celui qui naissait en France de parents étrangers.

Le second de ces principes engendrait une double conséquence. Etaient Français de naissance : 1° celui qui naissait en France de parents étrangers ; 2° celui qui naissait en France de parents qui n'avaient plus de patrie. Or, quelle a été l'œuvre de notre législateur? Il a laissé debout le premier principe qui subordonnait la nationalité d'origine à la filiation. A-t-il supprimé, dans son entier, le second, qui attachait la nationalité à la

---

(1) Comp. MM. Aubry et Rau, t. I, § 70, p. 236.

naissance sur le sol? Non; car autrement il aurait dit : sera étrangère toute personne née en France d'un autre que d'un Français. Au contraire, il s'est contenté de décider que celui-là ne serait plus Français, de plein droit, qui naîtrait en France de parents étrangers.

En d'autres termes, le Code civil n'a détruit que la première conséquence du *jus soli;* il a laissé subsister la seconde, à savoir, que l'individu né en France de parents sans patrie est Français de plein droit. Enfin, ajoute-t-on, la règle consacrée par l'art. 9 est, au fond, celle-ci : la naissance sur le sol confère la qualité de Français, pourvu qu'elle soit accompagnée de l'intention de s'y fixer. Eh bien, cette intention ne doit-elle pas se présumer chez celui qui n'en peut raisonnablement point avoir une autre (1)?

51. Pour nous, nous n'hésitons pas à penser que l'enfant né en France de parents qui n'ont pas de patrie n'est pas Français de naissance; mais il peut, pour le devenir, se prévaloir de l'art. 9.

En effet, notre législateur a eu le choix entre les deux principes qui, autrefois, réglaient la nationalité d'origine. Pour un moment, grâce à l'insistance du premier consul, ce fut la doctrine du *jus soli* qui triompha. Mais bientôt après, le Tribunat fit comprendre que cette maxime trouvait sa source et son explication dans le régime féodal, et que, ce régime étant aboli, la règle devait, elle-même, disparaître.

Cette protestation fut écoutée, et les rédacteurs du Code consacrèrent, dans l'art. 10, le *jus sanguinis*. Ainsi donc le changement a été radical et complet. Le Code ayant répudié le *jus soli*, il faut répudier aussi toutes les conséquences qui en découlaient. D'ailleurs, l'art. 9 exige que l'enfant soit issu de parents étrangers. Or, celui qui naît en France de parents sans patrie se trouve dans cette condition. Ses parents n'ayant pas de patrie, ils sont étrangers par rapport à la France.

L'art. 9, objecte-t-on, revient à dire que la naissance sur le sol de la France confère la nationalité française, pourvu qu'elle soit accompagnée de l'intention de s'y fixer; et l'on ajoute que, dans l'espèce, cette intention se présume. Mais cette présomp-

---

(1) Comp. M. Demante, t. I, nº 18 *bis*, p. 66 et 67; — Valette, *Sur Proudhon*, t. I, p. 200.

tion est contraire à la loi. L'art. 9 veut que l'enfant *déclare* son intention de s'établir en France (1).

52. Enfin, on a encore agité la question de savoir si les enfants nés en France de pères et mères inconnus pourraient invoquer le bénéfice de l'art. 9.

Une opinion leur accorde ce droit. En effet, d'une part, ces enfants doivent être considérés comme sans patrie dès leur naissance. Aujourd'hui, l'enfant ayant sa nationalité d'origine déterminée par celle du père, celui qui, légalement, n'a pas de père, ne peut pas avoir de patrie. Ils sont donc étrangers par rapport à la France, et ils satisfont à la condition de l'art. 9. D'autre part, les motifs qui ont fait édicter cette disposition s'appliquent à ces enfants. Ils seront nécessairement élevés dans notre pays, en prendront les mœurs et les habitudes, et ressentiront toujours pour lui un vif sentiment d'affection (2).

53. Nous ne pensons cependant pas que cette solution soit exacte. D'abord elle consiste à regarder les enfants de père et mère inconnus comme nés sans patrie. Mais le fait, pour un individu, de ne se rattacher à aucune nationalité constitue un état tout à fait anormal, qu'on ne doit proclamer qu'en cas de nécessité absolue. Eh bien! la raison et la loi s'accordent pour faire considérer les enfants nés en France de parents inconnus comme Français d'origine. En effet, on ne sait pas s'ils sont issus de parents français ou étrangers; il y a doute, et dès lors il faut incliner pour ce qui constitue en France la règle générale, c'est-à-dire pour la nationalité française.

Cette présomption, outre qu'elle est raisonnable, est légale. Nous ne prétendons pas, sans doute, invoquer le décret du 4 juillet 1793, déclarant les enfants trouvés « *enfants naturels de la patrie.* » On pourrait répondre que ce décret, étant antérieur au Code, n'a fait qu'appliquer l'ancien principe, suivant lequel la naissance sur le sol était attributive de nationalité.

Mais un autre décret du 19 janvier 1811, édicté sous l'empire de la législation actuelle, décide, dans son art. 19, que les enfants *trouvés* sont appelés à l'armée comme conscrits. Or, imposer aux enfants nés en France de parents inconnus une charge

_____

(1) Comp. M. Demolombe, t. I, n° 152 ; — M. Laurent, t. I, n° 334.
(2) Comp. M. Laurent, t. I, n° 328-336 ; — M. Richelot, t. I, p. 112.

qui, par sa nature, n'incombe qu'aux Français, n'est-ce pas leur supposer nécessairement la qualité de Français (1)?

SECTION III.

A QUELLE ÉPOQUE LE PRIVILÈGE CONSACRÉ PAR L'ART. 9 PEUT-IL ET DOIT-IL ÊTRE EXERCÉ?

54. Aux termes de l'art. 9, l'individu né en France d'un étranger pourra réclamer la qualité de Français « dans l'année qui suivra l'époque de sa majorité. »

Ce délai d'un an, dans lequel peut se produire la réclamation, est *fatal :* il ne peut être ni avancé, ni reculé. De là une conséquence rigoureuse. Supposons qu'un enfant, né en France, et sujet d'un pays où la majorité est, comme chez nous, fixée à 21 ans, se destine à l'école de Saint-Cyr ou à l'école polytechnique.

D'une part, le temps pendant lequel on peut entrer dans ces établissements dure jusqu'à 21 ans. Il expire donc lorsque commence l'époque où peut se produire la réclamation prévue par l'art. 9.

D'autre part, l'accès de ces écoles est exclusivement réservé aux Français. Par suite, cet enfant, né en France d'un étranger, sera fatalement exclu des examens, puisqu'il ne peut réclamer la qualité de Français qu'après avoir atteint l'âge qui lui ferme la porte des écoles.

Le tribunal civil de la Seine (2), frappé de ce résultat, a décidé que cet enfant pourrait faire, pendant sa minorité, avec l'assistance de son père, la déclaration requise par l'art. 9, sauf à la renouveler plus tard, après sa majorité.

Mais la Cour de Paris (3) et la Cour suprême (4) ont refusé de s'associer à cette jurisprudence. Cette solution est d'ailleurs

---

(1) Sous l'empire du Code civil, un enfant né en France d'un étranger, *qui lui-même y était né*, pouvait se prévaloir de l'art. 9. Mais la loi des 7-12 février 1851 a décidé que cet individu n'aurait pas ce droit, parce qu'il serait désormais considéré comme Français de naissance. A l'inverse, le Code civil ne permettait jamais à un enfant étranger *né hors de France* d'invoquer l'art. 9. La même loi (art. 2) lui donne cette faculté, si son père se fait naturaliser Français. Nous reviendrons plus loin sur ces dispositions.

(2) Trib. de la Seine, 23 avril 1850 (S. 50, 2, 465).

(3) Paris, 14 juillet 1856 (Journal *le Droit*, 18 juillet 1856); — Paris, 30 juillet 1859 (S. 59, 2, 682).

(4) Cass., 31 décembre 1860 (S. 61, 1, 227).

légale. Lorsque la loi règle une naturalisation exceptionnelle, il est logique d'exiger l'accomplissement strict des conditions qu'elle impose.

55. Si l'époque à laquelle l'enfant peut invoquer la nationalité française ne peut être avancée lorsqu'il s'agit, pour lui, de se prévaloir d'un bénéfice, elle ne peut point l'être non plus quand il s'agit pour lui d'une obligation à remplir. Ainsi, de la loi du 27 juillet 1872, art. 9, il résulte que les jeunes gens nés en France d'étrangers concourent au tirage au sort qui suit la déclaration faite par eux en vertu de l'art. 9 du Code civil ; en d'autres termes, ils ne prennent part au tirage qu'après avoir accompli leur vingt et unième année.

Cette solution se trouvait déjà consacrée par l'art. 2 de la loi du 21 mars 1832 sur le recrutement. On conçoit, en effet, que ces individus ne puissent être appelés, comme les Français d'origine, après l'âge de 20 ans révolus ; car, à ce moment, ils sont encore étrangers : or, la loi du 27 juillet 1872 (art. 7) déclare, comme le faisait la loi du 21 mars 1832, que nul n'est admis dans les troupes françaises, s'il n'est Français.

56. Le délai imparti par l'art. 9 du Code civil ne peut pas davantage être étendu ou reculé. Cette proposition, d'ailleurs, n'a jamais été contestée en principe ; on y apporte seulement quelques tempéraments. Citons notamment l'hypothèse suivante. Un enfant naturel naît en France, et il est reconnu seulement par sa mère, qui est Française. Dès ce moment, il est donc Français. Plus tard, lorsque déjà, depuis plus d'un an, il a atteint sa majorité, son père, que nous supposons étranger, vient à le reconnaître. L'enfant, jusque-là Français, devient étranger. Eh bien, on décide que, quoique majeur depuis plus d'un an, il pourra profiter de l'art. 9, pourvu qu'il fasse sa réclamation dans l'année qui suit la reconnaissance faite par son père. En effet, cet enfant, Français à sa majorité, ne pouvait pas songer, à cette époque, à se prévaloir du bénéfice de la loi. C'est seulement le jour où son père l'a reconnu qu'il a pu sentir le besoin et former la résolution de recouvrer la nationalité française (1).

(1) Nous devons également noter que des lois postérieures au Code, sur lesquelles nous reviendrons tout à l'heure, ont prolongé le délai d'un an dont parle l'art. 9 du Code civil, ou reculé son point de départ. C'est d'abord la loi des 22-25 mars 1849, pour l'individu né en France d'un étranger, pourvu qu'il ait servi dans nos armées ou satisfait, dans notre

57. S'il est vrai qu'en général l'enfant, né en France d'un étranger, doit faire sa réclamation dans l'année qui suit sa majorité, quelle est cette majorité ? Est-ce celle déterminée par la loi française ? Est-ce celle fixée par la loi du pays auquel l'enfant appartient jusqu'à sa réclamation ?

58. Un premier système prétend qu'il s'agit de la majorité française (art. 488 C. civ.).

En effet, dit-on, il n'est pas à supposer que le législateur ait voulu subordonner aux prescriptions d'une loi étrangère le délai durant lequel pourrait être réclamée une faveur accordée par la loi française.

En outre, depuis le décret du 20 septembre 1790, fixant la majorité des Français à 21 ans au lieu de 25 ans, toutes les lois qui parlent de majorité, non seulement pour les Français, mais aussi pour les étrangers dans leurs rapports avec la France, indiquent l'âge de 21 ans. Il en était ainsi spécialement dans la constitution du 22 frimaire an VIII, sous l'empire de laquelle le Code civil a été publié. Il est donc vraisemblable que, dans l'art. 9, le législateur entendait aussi se référer à l'âge de 21 ans. De plus, ajoute-t-on, de deux choses l'une : ou bien la majorité étrangère est en deçà de 21 ans, et alors il conviendrait de ne pas permettre à un enfant trop inexpérimenté le choix si important d'une nationalité ; — ou bien la majorité étrangère est fixée au delà de 21 ans : alors il serait étrange d'admettre un étranger ordinaire à faire à 21 ans, suivant la constitution, la déclaration de sa volonté d'être Français, et de reculer au delà de cet âge l'époque où l'enfant étranger né en France pourrait, suivant l'art. 9, réclamer la qualité de Français : ce serait se montrer plus rigoureux envers un individu, que la loi veut, au contraire, traiter avec plus de faveur (1).

59. Un second système, que nous adoptons, décide que l'art. 9 se réfère à la majorité déterminée par la loi du pays étranger auquel l'enfant appartient jusqu'à sa réclamation.

En effet, l'art. 9 déclare que cet enfant pourra réclamer dans l'année qui suivra l'époque de *sa* majorité. Or, tant que cet

pays, à la loi du recrutement. C'est ensuite l'art. 2 de la loi des 7-12 février 1851, pour ceux nés hors de France d'un père étranger, naturalisé Français postérieurement à la naissance de ces enfants.

(1) Comp. Duranton, t. 1, n° 129 ; — Coin-Delisle, art. 9, n° 25 ; MM. Aubry et Rau, t I, § 70, texte et note 5.

enfant n'est pas devenu Français, quelle est sa majorité, si ce n'est celle fixée par son état personnel, c'est-à-dire par la loi de l'Etat dont il est encore le sujet? D'ailleurs, si l'on s'en rapportait à la majorité française, souvent l'enfant ne pourrait pas exercer son droit. Ainsi, supposons qu'il appartienne à un pays où la majorité est reculée à 25 ans. Il s'ensuit que, même après 21 ans, mais avant 25 ans, il reste enchaîné dans les liens de la tutelle et n'a point la liberté de ses actions. Dès lors, son tuteur pourra l'empêcher de satisfaire aux conditions de l'art. 9. Dans tous les cas, même si son tuteur lui permettait d'y satisfaire, l'enfant serait sans doute considéré en France comme devenu Français; mais dans son pays d'origine, il serait regardé comme n'ayant point perdu sa nationalité; car il est admis en général qu'une pleine capacité est nécessaire pour abdiquer sa patrie.

Cet enfant appartiendrait donc à deux Etats différents, situation qu'il faut éviter autant que possible.

Enfin, ajoutons qu'un enfant, tant qu'il est mineur, tant qu'un autre veille pour lui à la gestion de son patrimoine et à la direction de sa personne, ne songe guère à se choisir une position sociale, ni un lieu d'établissement définitif : c'est sa majorité qui, en le livrant à lui-même, lui fait sentir ce besoin. Or quelle majorité produira cet effet, sinon celle du pays auquel il appartient?

En vain l'on prétendrait argumenter de l'art. 3 de la constitution du 22 frimaire an VIII. Cet art. 3 s'appliquait à tout étranger en général, tandis que l'art. 9 du Code civil est spécial et ne concerne que l'étranger né en France. On comprend, du reste, que le législateur de l'an VIII ait édicté le terme de 21 ans pour tous les étrangers indistinctement : cet âge déterminait le moment à partir duquel la déclaration pouvait être faite; mais cette déclaration elle-même ne devait pas nécessairement s'effectuer dans la vingt et unième année; on pouvait encore y procéder ultérieurement à telle époque qu'on voulait. Par conséquent, l'étranger, dont la loi personnelle fixait la majorité à 25 ans, ne courait aucun danger de forclusion. Au contraire, quand l'art. 9 du Code civil parle de l'année qui suit la majorité, il indique à la fois le temps où la réclamation de l'enfant étranger est possible, et celui où elle devra se produire sous peine de déchéance. On conçoit dès lors qu'il faille placer l'année de la réclamation à une époque où elle pourra se faire librement et efficacement (1).

60. Pourtant, parmi les partisans du système auquel nous venons d'adhérer, quelques-uns ont pensé que si l'enfant était sujet d'un pays où la majorité serait plus précoce qu'en France, il ne pourrait et il ne devrait réclamer la qualité de Français qu'à partir de 21 ans.

Nous n'acceptons point cette restriction. Le texte de l'art. 9 est général. D'ailleurs notre solution est désirable ; car elle donne au réclamant la faculté d'exercer certains droits, que la loi française confère seulement aux nationaux qui n'ont pas encore accompli leur 21e année. Ainsi, cette manière de voir permet de tempérer, dans une certaine mesure, la situation rigoureuse, que nous signalions tout à l'heure, en ce qui concerne l'admission aux écoles de Saint-Cyr et polytechnique.

SECTION IV.

QUELLE EST L'ÉTENDUE DU PRIVILÈGE CONSACRÉ PAR L'ART. 9 DU CODE CIVIL ? ET QUELS SONT SES EFFETS ?

61. Nous n'avons pas à examiner ici toutes les conséquences qui s'attachent au bénéfice de l'art. 9 : ce sont celles de la naturalisation en général. Nous voulons surtout résoudre la question de savoir à partir de quel moment l'on doit considérer comme Français l'enfant qui a satisfait aux conditions de l'article 9. Ne devient-il Français que pour l'avenir, *ut ex nunc ?* ou bien est-il censé l'être dès le jour de sa naissance, *ut ex tunc ?*

62. Des auteurs considérables ont décidé que la réclamation, dont il s'agit dans l'art. 9, avait pour résultat de faire considérer l'étranger né en France comme Français *depuis sa naissance.* A l'appui de cette doctrine, on apporte les cinq motifs suivants :

1° Aux termes de l'art. 9, cet individu « pourra *réclamer...* » *Réclamer !* dit-on ; c'est donc un droit ; il *réclame* la qualité de

---

(1) Comp. M. Demolombe, t. I, n° 165 ; — M. Valette, *Explication sommaire du livre premier,* p. 12 ; Demante, t. I, n° 19 *bis,* II ; Coin-Delisle, *Revue crit. de législ.,* 1864, t. XXV, p. 13 et suiv. ; — Douai, 10 février 1868 (S. 68, 2, 140).

Français parce qu'elle était déjà à lui ; il fallait seulement, de sa part, un acte de volonté pour fixer définitivement sur sa tête cette qualité.

2° Aux termes de l'art. 20 du Code civil, « les individus qui recouvreront la qualité de Français dans les cas prévus par les art. 10, 18 et 19, ne pourront s'en prévaloir qu'après avoir rempli les conditions qui leur sont imposées par ces articles, *et seulement pour l'exercice des droits ouverts à leur profit depuis cette époque.* » Or, dit-on, dans cet art. 20, il n'y a aucun renvoi à l'art. 9 : c'est donc qu'à la différence des dispositions contenues dans les art. 10, 18 et 19, la disposition de notre art. 9 est essentiellement rétroactive : — *qui dicit de uno negat de altero.*

3° On invoque ensuite l'art. 1179, aux termes duquel « la condition accomplie a un effet rétroactif au jour auquel l'engagement a été contracté. » Or, dit-on, dès le jour de sa naissance, l'individu, dont s'occupe l'art. 9, avait un droit futur et éventuel à revendiquer plus tard la qualité de Français ; donc l'accomplissement, au moment de sa majorité, des conditions auxquelles cette revendication est subordonnée, lui imprime, d'une manière rétroactive, la qualité de Français.

4° Telle est aussi l'idée exprimée par le tribun Gary, dans un discours au Corps législatif, lorsqu'il dit. en parlant de l'individu né en France : « Le bonheur de sa naissance n'est pas perdu pour lui ; la loi lui offre de lui assurer le bienfait de la nature ; mais il faut qu'il déclare l'intention de le *conserver.* » La naturalisation produit donc un effet rétroactif.

5° Ajoutez que la loi du 28 mars 1853 sur la caisse des retraites et rentes viagères pour la vieillesse admet, dans les art. 3, al. 2, et art. 10, al. 2, des dépôts effectués au nom d'étrangers qui, plus tard, rempliront les formalités de l'art. 9 du Code civil. On suppose donc encore ici la rétroactivité (Comp. MM. Aubry et Rau, t. I, § 70 ; — Cass., 19 juillet 1848. Dev. 48, 1, 529).

63. Nous éprouvons, pour notre part, des doutes très sérieux quant à la solidité de cette doctrine, et nous proposons, au contraire, de dire que l'individu, naturalisé dans les termes de l'art. 9, n'acquiert la qualité de Français que *pour l'avenir,* et nullement pour le passé.

Premier argument. — *a.* — Au point de vue grammatical

d'abord, est-il bien vrai que ce mot « réclamer, » employé par notre art. 9, ait le sens énergique et spécial qu'on lui attribue? Cette expression a, en général, un sens indéterminé ; il est synonyme de *demander* ou *solliciter*. Cet argument grammatical est donc, en réalité, peu concluant. — Le mot « recouvrer, » d'ailleurs, dans l'art. 20, n'emporte pas, tout le monde le reconnaît, malgré son énergie, l'idée de rétroactivité. Et cependant l'on ne peut *recouvrer* que ce que l'on avait auparavant. — *b.* — Au point de vue juridique, l'on objecte que l'art. 9 n'est pas rappelé dans l'art. 20, et l'on en conclut, *à contrario*, qu'il doit y avoir rétroactivité dans le cas de l'art. 9. Cet argument ne saurait être admis.

Voici, en effet, pourquoi on n'a pas rappelé l'art. 9 dans l'art. 20. Dans ce dernier article et dans les art. 10, 18 et 19, auxquels il renvoie, il s'agit constamment d'individus qui avaient déjà été Français, qui avaient ensuite perdu cette qualité, et qui demandent à la *recouvrer*. Il y avait donc nécessairement doute à leur égard. On aurait pu trouver juste d'effacer entièrement la lacune par une *restitutio in integrum* absolue et entière, qui leur aurait rendu rétroactivement la qualité perdue. Eh bien, ce doute, l'art. 20 l'a tranché contre l'étranger: on ne lui accorde pas le bénéfice de la rétroactivité; mais il était bon de le dire.

Au contraire, quelle nécessité y avait-il de se référer à l'article 9? L'enfant dont il est question dans cet article, lui, n'a jamais été Français avant la déclaration que le texte lui impose; il était si bien étranger que, s'il s'était abstenu dans l'année de sa majorité, cette qualité d'étranger lui était définitivement acquise: pourquoi donc alors une rétroactivité que ne commandent ni la situation, ni les textes?

Deuxième argument. — La doctrine de la rétroactivité paraît inadmissible en présence des art. 726 et 912 du Code civil, tels qu'ils existaient avant la loi du 14 juillet 1819 : « Un étranger, dit l'art. 726, n'est admis à succéder aux biens que son parent, étranger ou français, possède dans le territoire français, que dans les cas et de la manière dont un Français succède à son parent possédant des biens dans le pays de cet étranger, conformément aux dispositions de l'art. 11, au titre de la Jouissance et de la privation des droits civils. » L'art. 912 s'exprime dans les termes suivants : « On ne pourra disposer au profit d'un étranger que dans le cas où cet étranger pourrait disposer au profit d'un Français. »

L'argument que l'on peut tirer de ces textes est fort sérieux, tranchant même, suivant nous. En effet, la qualité d'étranger avait des conséquences fort graves sous le Code civil. Les étrangers étaient, la plupart du temps, à raison de l'absence de traités, absolument incapables de succéder, même à leurs parents français. Eh bien, je suppose que l'individu né en France d'un étranger fût, étant encore au berceau, devenu héritier de l'un de ses parents, soit en vertu de la loi (*ab intestat*), soit en vertu d'un testament !!! La succession a dû être déférée, en vertu des art. 726 et 912, aux héritiers français du degré subséquent. Mais si, par le seul fait de sa soumission, à l'âge de 21 ans, dans les termes de l'art. 9 du Code civil, l'individu né en France d'un étranger prend *rétroactivement* la qualité de Français, comme le veut la Cour de cassation, il faudra aussi apparemment qu'il reprenne l'investiture de tous ses droits dans le passé : et alors, voyez où nous marchons ! La succession n'aura été déférée aux héritiers du degré subséquent qu'à titre provisoire seulement ! Ce provisoire aura pu durer pendant 21 ans peut-être ! Et durant ce temps, les héritiers putatifs auront joui de bonne foi des biens ; ils auront perçu les fruits ! Ainsi, par l'accomplissement d'une condition *toute potestative* de la part de l'étranger, ils se verront spoliés, obligés de tout rendre, c'est-à-dire le plus souvent ruinés par cette accumulation de fruits à restituer !!! Tout cela est contraire à la libre transmission des biens, comme aux principes découlant de la plus stricte équité. Cette conséquence paraît, de tous points, inadmissible.

Troisième argument. — On objecte la disposition de l'article 1179, d'après lequel « la condition accomplie a un effet rétroactif au jour auquel l'engagement a été contracté. » Mais nous ferons remarquer que c'est là une véritable pétition de principes ; car, précisément, ce que nous soutenons, c'est que cet article ne s'applique pas ici.

Quatrième argument. — On objecte encore les travaux préparatoires. Cette objection est de peu de valeur, car on y trouve exprimées les opinions les plus dissemblables et l'on y rencontre des arguments pour soutenir toutes les opinions. Ces travaux ne peuvent dès lors être réellement concluants que lorsqu'ils viennent appuyer un texte de loi.

Cinquième argument. — On nous oppose enfin la loi du 28 mai 1853 sur les caisses de retraite pour la vieillesse, articles 3 et 10, admettant les étrangers à faire des versements. Mais la réponse est facile : l'on peut dire que, si la loi nouvelle a cru devoir s'expliquer sur ce point, c'est que le droit commun ne menait pas à ce résultat de la rétroactivité. Cette loi serait donc plutôt favorable à l'opinion que nous défendons.

Il faut dès lors décider que l'enfant né en France d'un étranger n'acquiert la qualité de Français que du jour où il a régulièrement formulé la réclamation requise par la loi (1).

64. Maintenant que nous connaissons la controverse et la solution qu'elle comporte, examinons les conséquences qui en découlent dans la pratique.

Sous l'empire des art. 726 et 912 du Code civil, si l'on donnait un effet rétroactif à la déclaration de l'enfant, il fallait l'admettre à recueillir les droits qui, pendant sa minorité, s'étaient ouverts à son profit par suite de successions, de legs ou de donations; il fallait, au contraire, l'en exclure comme étranger, si l'on décidait que la déclaration n'était efficace que pour l'avenir.

De même, au temps où l'étranger devenu Français ne pouvait siéger dans les assemblées législatives que si la grande naturalisation lui avait été conférée, l'individu, qui avait réclamé la qualité de Français suivant l'art. 9, était éligible de plein droit, si l'on décidait que l'acquisition de la nationalité était rétroactive. Alors, en effet, il était considéré comme un Français d'origine. Au contraire, il devait, suivant le système opposé, recourir à la grande naturalisation.

La loi du 14 juillet 1819, abolitive des art. 726 et 912, ayant permis à tout étranger de succéder en France et d'y recueillir des donations, et la loi du 29 juin 1867 ayant attaché l'éligibilité à toute naturalisation, le double intérêt pratique que nous venons de signaler a disparu.

65. Mais la loi du 14 juillet 1819, que nous venons de mentionner, contient, elle-même, un art. 2, qui accorde aux

---

(1) Comp. Fœlix, *Droit intern.*, p. 41 ; — Demolombe, t. I, n° 163 ; — Marcadé, t. I, n° 115 *ter* ; Duvergier, *Sur Toullier*, t. I, n° 261 ; Ducaurroy, sur l'art. 9 ; — Bugnet, *Sur Pothier*, t. I, p. 10 et t. IX, p. 17 ; — Demante, t. I, n° 19 *bis* ; — Paris, 4 janvier 1847 (D. P. 47, 2, 34) ; — Bruxelles, 8 janvier 1872 (D. P. 72, 2, 13).

cohéritiers *français* un droit de prélèvement : ce droit consiste, pour eux, à prendre, avant tout partage, sur les biens situés en France, une portion égale à la valeur des biens situés en pays étranger, dont ils seraient exclus, à quelque titre que ce soit, en vertu des lois et coutumes locales.

Supposons qu'une succession se trouve dévolue à un enfant né en France d'un étranger, avant qu'il ait réclamé notre nationalité. Plus tard, après sa réclamation, il n'aura pas droit au prélèvement, suivant la solution que nous avons adoptée : car il faut le considérer comme ayant été un cohéritier *étranger* au jour où la succession s'est ouverte (1).

66. Aux termes de l'art. 14, un créancier français peut poursuivre son débiteur étranger devant les tribunaux français, même si le débiteur ne réside pas en France.

Mais, suivant une opinion, pour que ce privilège existe, il faut que le créancier ait été Français dès l'origine de la créance. Supposons donc un individu né en France de parents étrangers, qui, pendant sa minorité, devient créancier d'un étranger. Il réclame plus tard la qualité de Français. Pourra-t-il alors actionner en France son débiteur ? Il ne le pourra pas : car il faudrait pour cela (ce que nous n'avons pas admis) que, le changement de nationalité remontant jusqu'au jour de sa naissance, il fût considéré comme ayant été Français au moment où la créance s'ouvrait à son profit.

67. Supposons que l'individu, né en France d'un étranger, ne fasse la déclaration prescrite par l'art. 9 qu'à la fin de sa 22e année. Les actes notariés où il aura figuré comme témoin depuis l'accomplissement des 21 ans jusqu'à sa réclamation seraient valables, si l'on admettait la rétroactivité ; ils sont nuls dans le système contraire.

68. Un étranger né en France se marie, pendant sa minorité, avec une femme étrangère, et il a un enfant. Ensuite, devenu majeur, il réclame la nationalité française. Si l'on décidait que sa demande a produit ses effets même dans le passé, il faudrait regarder la femme comme Française, par application de l'art. 12 du Code civil ; car son mari serait censé avoir été Français lors du mariage. De même il faudrait aussi considérer

_____

(1) Comp. M. Demangeat, *Droit intern. privé de Fœlix*, t. I, p. 108, note 6.

l'enfant comme français; car il serait censé issu d'un père
français. Mais, dans l'opinion que nous avons adoptée, la
femme et l'enfant resteront étrangers tant qu'ils ne se feront
pas, eux-mêmes, naturaliser.

69. En outre, tout récemment, un nouvel intérêt de notre
question s'est révélé en une matière où, jusqu'ici, on ne l'avait
pas encore rencontré, en matière criminelle. Disons tout de
suite que l'opinion, par nous enseignée, n'a pas été adoptée.
La cour d'assises du Nord l'a, en effet, repoussée par arrêt
du 3 août 1877.

Mais avant de rapporter les termes de cette décision importante, faisons d'abord un court exposé des faits, que nous em-
pruntons au recueil spécial des arrêts de la cour de Douai,
t. XXXV, p. 173, année 1877.

Vers le 15 mars 1876, un sieur Liévin Brans quittait Lille,
où il était né de parents belges le 2 janvier 1856. Il y avait
connu Charles Denoyette, qu'il savait natif de Gand (Belgique).
Arrivé dans cette dernière ville, Brans obtient de la municipalité un extrait en bonne forme de l'acte de naissance de Ch.
Denoyette. Sous le même nom, il obtient aussi un certificat de
bonne conduite et un certificat négatif de condamnations
encourues en matière pénale. Muni de ces pièces, il con-
tracta un engagement de huit ans dans l'armée belge, ce qui
lui donnait droit à une prime de 1,600 fr., sur lesquels
300 fr. étaient à toucher le jour de l'incorporation. Ce même
jour, après avoir touché les 300 fr., Brans désertait et passait
en France.

Quelque temps après ces faits, c'est-à-dire le 31 janvier 1877,
Brans avait fait, à la municipalité de Lille, la réclamation de
la qualité de Français, et les déclarations exigées par l'art. 9
du Code civil.

Recherché pour les actes commis en Belgique, Brans fut
arrêté et renvoyé devant la cour d'assises du Nord, sous l'in-
culpation de faux en écriture authentique et publique et d'u-
sage de pièces fausses.

A l'audience, son défenseur, notre excellent confrère
Me Honoré, crut pouvoir décliner pour lui la compétence de la
juridiction française. Me Honoré faisait observer, avec raison,
que le crime reproché à Brans avait été commis en Belgique,
antérieurement à la réclamation par lui faite de la nationalité

française, c'est-à-dire alors qu'il était encore étranger. Donc, Brans n'était justiciable que de la juridiction belge.

En vain, ajoutait Me Honoré, pour appliquer à Brans l'art. 5 de notre Code d'instruction criminelle, modifié par la loi du 27 juin 1866, on tenterait de soutenir que, dans le cas prévu par l'art. 9 du Code civil, l'état de l'enfant né en France d'un étranger reste en suspens jusqu'à sa majorité ; en vain on dirait qu'à cette époque, lorsqu'il réclame la qualité de Français, l'enfant est censé, par suite d'une fiction de la loi, avoir été Français dès sa naissance ; en vain on voudrait en conclure que, dans l'espèce, il fallait considérer Brans comme déjà Français au moment où il commettait son crime, et, par suite, le déclarer justiciable de la juridiction française.

A cette objection, qui effectivement fut développée et soutenue avec un grand talent par M. l'avocat général Grévin, le défenseur répondait, par avance, qu'un tel principe n'était écrit nulle part ; si ce principe pouvait, par hypothèse, être admis, c'était seulement lorsqu'il s'agissait d'attribuer des avantages à l'enfant de l'étranger ; ce n'était pas lorsqu'il s'agissait de rendre sa position plus mauvaise, en lui faisant, par exemple, encourir une peine. Au surplus, en matière criminelle, la date du crime fixe la situation de l'accusé en ce qui concerne la pénalité et la compétence nationales, sans que les événements postérieurs puissent avoir d'influence sur le fond même de l'affaire.

70. Cette manière de voir, soutenue par Me Honoré, et conforme d'ailleurs à la doctrine que nous enseignions tout à l'heure sur l'art. 9 du Code civil, fut pourtant repoussée par la cour d'assises du Nord.

La cour a rendu, sous la présidence de M. Lemaire, un arrêt très fortement motivé, dont voici le texte :

« Attendu qu'il était de principe dans l'ancien droit que tout individu né en France était Français ;

« Que l'art. 9 du Code civil n'a point abrogé ce principe ; qu'il l'a seulement modifié en ce qu'il pouvait avoir d'excessif, alors que, s'appliquant au fils né en France d'un étranger, il lui imposait la nationalité française, en raison du seul fait accidentel de sa naissance, sans lui laisser la liberté d'y préférer la nationalité paternelle ;

« Que c'est uniquement pour respecter cette liberté que le

législateur de 1803, sans se départir du principe ancien, a
voulu néanmoins que ce principe ne produisît effet, à l'égard
des fils d'étrangers, qu'à la condition que ceux-ci ratifieraient,
à l'époque où ils seraient devenus capables d'exprimer légalement leur volonté, l'adoption que la France leur offrait, à titre
d'enfants nés sur son territoire ;

« Attendu que, jusqu'à cette ratification, le droit du fils
d'étranger à la qualité de Français, tout en restant entier, demeure en suspens ; mais qu'une fois la condition remplie, ce
droit rétroagit, quant à ses effets, au jour même du fait qui l'a
engendré, c'est-à-dire au jour même de la naissance de celui
qui, dans le délai où la loi lui permet d'agir, en réclame le
bénéfice ;

« Attendu que cette interprétation s'induit encore du rap-
prochement des termes de l'art. 9 avec ceux des art. 10, 18
et 19 ;

« Que ces articles, statuant à l'égard d'une autre catégorie d'individus, les Français ayant perdu leur qualité, disposent que
ces individus pourront, moyennant certaines formalités prescrites, non point *réclamer*, mais *recouvrer* cette qualité ;

« Que cette expression *recouvrer* dont se sert le législateur
pour désigner la revendication d'un droit perdu, implique
évidemment que le mot *réclamer*, inscrit en l'art. 9, concerne
un droit de nature différente, c'est-à-dire acquis à celui qui le
réclame;

« Attendu que, si l'art. 20 dispose que ceux qui *recouvrent* la
qualité de Français ne pourront s'en prévaloir que pour l'a-
venir, cette restriction doit s'entendre, non du cas prévu par
l'art. 9, mais des cas mentionnés aux art. 10, 18 et 19,
expressément et limitativement visés par l'art. 20 ;

« Attendu que l'accomplissement des formalités de l'art. 9
ayant eu, en vertu des principes qui précèdent, un effet rétroactif au jour de sa naissance, Brans doit être considéré
comme ayant, dès ce jour, acquis la qualité de Français, et
dès lors, comme ayant commis, en cette qualité, le 27 mars 1876,
les faits criminels dont il est accusé;

« La Cour se déclare compétente. »

70 *bis*. Enfin, mentionnons, en matière administrative, un
dernier intérêt de la solution par nous proposée plus haut,
n°s 63, 64 et suivants. Le conseil d'Etat, dans un arrêt du

19 janvier 1877 (S. 1879, 2, 63), a consacré, au point de vue
de l'application des lois militaires actuelles, la doctrine suivante, qui suppose nécessairement *la non-rétroactivité* des effets
attachés à l'art. 9 du Code civil : « *L'individu, né en France
de parents étrangers*, et qui, après avoir fait la déclaration
prévue par l'art. 9 du Code civil, *a concouru au tirage au sort
avec la classe de l'année* dans laquelle cette déclaration est in-
tervenue, doit, même sous l'empire de la loi du 27 juillet 1872,
être maintenu dans ladite classe. Et il ne peut pas demander à
faire partie de celle à laquelle il appartiendrait par son âge. »
Comparez le texte de l'arrêt, les termes du pourvoi du sieur
Rigot et les conclusions de M. le commissaire du gouvernement Laferrière.

71. Nous avons maintenant à nous occuper des modifications apportées à notre art. 9, en ce qui concerne les étrangers qui ont subi la loi du recrutement et se sont laissé enrôler
dans l'armée française de terre ou de mer, sans exciper de leur
extranéité, et sans protester contre l'erreur commise à leur
préjudice. (L. 22-25 mars 1849.)

SECTION V.

MODIFICATIONS APPORTÉES A L'ART. 9 DU CODE CIVIL PAR LA LOI DES 22-25 MARS 1849.

72. Voici d'abord les termes de la loi du 22 mars 1849 :
Article unique. — « L'individu né en France d'un étranger
sera admis, même après l'année qui suit l'époque de sa majorité, à faire la déclaration prescrite par l'art. 9 du Code
civil, s'il se trouve dans l'une des deux conditions suivantes :
1° s'il sert ou s'il a servi dans les armées françaises de terre ou
de mer ; 2° s'il a satisfait à la loi du recrutement sans exciper
de son extranéité. »

Comme on le voit, la loi des 22-25 mars 1849 a supprimé
toute limitation de délai : elle a admis, à quelque époque que
ce soit après la majorité, la réclamation de l'étranger né en
France, qui sert ou a servi dans les armées françaises, ou qui,
sans être ni avoir été militaire, a du moins satisfait à la loi du
recrutement, et n'a échappé au service que par l'effet d'une
infirmité ou par une cause légale d'exemption autre que son
extranéité.

73. Remarquons que la loi de 1849 prévoit l'hypothèse où un étranger né en France aurait été appelé sous les drapeaux *avant* d'avoir réclamé la nationalité française. D'autre part, la loi du 21 mars 1832, qui était encore en vigueur en 1849, et celle du 27 juillet 1872, qui nous régit actuellement, disposent toutes deux que l'individu né en France d'un étranger ne pourra satisfaire au recrutement qu'*après* avoir fait les déclaration et réclamation prescrites par l'art. 9 du Code civil. L'harmonie entre ces dispositions n'est donc pas parfaite. Cependant, la loi du 22 mars 1849 n'est pas sans objet; elle trouvera son application toutes les fois que, par suite d'une erreur commise soit par l'administration, soit par l'étranger né en France, celui-ci aura été, avant sa réclamation, incorporé dans l'armée française, ou du moins appelé à courir les chances du tirage au sort.

74. La disposition de la loi de 1849 se justifie aisément. On a pensé fort justement que le fait de s'être laissé enrôler dans nos armées, ou du moins de s'être offert à l'enrôlement, était la preuve d'affection la plus certaine que l'on pût témoigner à la France. En outre, on a observé que, souvent aussi, l'individu né en France d'un étranger n'invoquait pas son extranéité pour se soustraire au service militaire, précisément parce qu'il ignorait sa qualité d'étranger et se croyait Français. Dans cette position, l'individu était incorporé dans nos armées et laissait écouler l'année pendant laquelle il aurait pu réclamer la nationalité française. Plus tard, lorsqu'il avait donné ses services à la France, son état réel venait à être connu, et alors on le forçait, s'il voulait être Français, à recourir à la naturalisation proprement dite. C'était là une excessive rigueur. La loi du 22 mars 1849 l'a fait disparaître, en permettant à cet individu d'invoquer toujours le bénéfice de l'art. 9.

75. Au sujet de la loi du 22 mars 1849, il s'est élevé, dans ces dernières années, une question pratique qui a excité un vif intérêt. Un sieur Sioën était né en France de parents étrangers. En 1855, lorsque après sa vingtième année il se vit inscrit sur les listes du contingent militaire, il demanda et obtint sa radiation, en excipant de sa nationalité étrangère; de plus, il laissa passer l'année qui suivit sa majorité sans satisfaire aux formalités prescrites par l'art. 9 du Code civil. Plus tard, avant l'accomplissement de sa trentième année, Sioën se fit inscrire, comme omis, sur les tableaux de recensement, prit part au tirage au sort de l'année 1865, et bénéficia d'un bon numéro. Il prétendit alors que la loi du 22 mars 1849 lui était applicable, et que, par suite, il pouvait encore se prévaloir de l'article 9 du Code civil. Sa réclamation était-elle fondée?

La question fut portée, le 20 novembre 1867, devant le tribunal civil de Lille, qui la résolut affirmativement : par arrêt du 10 février 1868, la cour d'appel de Douai confirma ce jugement (D. 68, 2, 140). Mais l'arrêt de la cour de Douai ayant été cassé pour vices de forme, l'affaire fut renvoyée devant la cour d'appel d'Amiens, qui se prononça en sens opposé, et décida que le sieur Sioën ne pouvait pas se prévaloir de la loi du 22 mars 1849 (1). Le pourvoi en cassation formé contre cette décision fut rejeté (2).

Notons d'ailleurs que la Cour suprême a encore adopté plus récemment une solution identique (3).

76. Pour refuser, dans l'espèce, au sieur Sioën le droit de réclamer la qualité de Français, on présentait trois arguments principaux :

D'abord, disait-on, l'individu dont il s'agit ne pouvait point invoquer la loi du 22 mars 1849 : car il n'avait pas servi dans les armées françaises, et il avait même, en 1855, excipé formellement de son extranéité pour se soustraire à la loi du recrutement.

D'ailleurs, ajoutait-on, son inscription tardive sur les tableaux du recensement n'était pas légale et ne pouvait produire d'effets juridiques ; c'est comme *omis* qu'on l'avait fait figurer sur les listes. Mais on ne pouvait pas considérer comme tel celui qui, loin d'être omis, avait été une première fois inscrit, et n'avait été radié que sur sa demande.

Enfin, disait-on encore, la loi de 1849, en permettant de réclamer la qualité de Français pendant un délai illimité, a entendu récompenser le dévouement spontané d'étrangers qui donnaient à la France un gage de leurs sentiments patriotiques. L'on ne peut raisonnablement accorder la même faveur à ceux qui, par calcul, invoquent d'abord leur extranéité, puis reviennent sur cette détermination. Décider autrement, ce serait aban-

---

(1) Amiens, 25 novembre 1868 (S. 69, 2, 1).
(2) Cass., 27 janvier 1869 (S. 69, 1, 129).
(3) Cass., 16 avril 1872 (S. 73, 1, 418).

donner l'exécution des lois au caprice des individus intéressés, qui pourraient ainsi, pour s'enrôler, choisir leur heure et leur moment, de manière à profiter soit des circonstances heureuses, soit de cas d'exemption récemment survenus (1).

77. Quelque graves que soient ces considérations, nous ne les croyons pourtant pas concluantes.

Et d'abord, il est certain que, rigoureusement, dans l'espèce proposée, Sioën pouvait se prévaloir des termes mêmes de la loi. En effet, il s'était, en 1865, conformé à la loi du recrutement, sans exciper de son extranéité. Lorsqu'il participa au tirage, il savait parfaitement que rien n'eût été plus facile pour lui que de s'y soustraire. Il est vrai qu'en fait il prit un bon numéro. Mais il aurait pu se faire aussi qu'il en prît un mauvais, et, alors, il aurait été incorporé, s'il ne s'était pas fait exonérer. C'est donc volontairement qu'il a couru les chances du sort ; c'est spontanément qu'il s'est exposé à payer à la France la dette la plus noble, mais aussi la plus onéreuse qui puisse incomber à un Français. Pourquoi, dès lors, jugerait-on ce dévouement indigne d'une récompense ? Parce qu'il a été tardif ? Mais la loi de 1849 ne fixe en aucune façon le moment exact où ce dévouement doit se produire. Ce qui est vrai, c'est que, d'après la loi du 21 mars 1832, les jeunes gens pouvaient figurer sur les tableaux de recensement depuis vingt ans jusqu'à trente ans. C'est précisément pendant cette période que Sioën avait été inscrit.

On objecte que, dans l'espèce, l'individu étranger avait déjà refusé, en 1855, de satisfaire au recrutement. Mais le législateur ne dit pas que celui-là seul pourra se prévaloir de la loi des 22-25 mars 1849, qui satisfera au recrutement sans avoir jamais auparavant excipé de son extranéité ; il dit simplement que la faveur est accordée à celui qui aura satisfait au recrutement, sans exciper de son extranéité.

On a dit encore que la seconde inscription de Sioën sur les listes du contingent n'était pas légale, et qu'on ne pouvait le considérer comme un omis. Mais ce n'est pas à l'autorité judiciaire qu'il appartient de radier les inscriptions erronées auxquelles il a plu à l'administration de procéder. En fait, Sioën avait été compris dans le contingent ; on l'avait laissé se sou-

(1) Comp. M. Demolombe, t. I, n° 163 *ter*, p. 186.

mettre aux obligations que cet enrôlement comportait : il était juste aussi qu'on le laissât profiter des avantages qui pouvaient en découler. C'est en vain que l'on alléguerait contre lui son refus, après sa vingtième année, de se conformer au recrutement. En opposant ce refus, Sioën n'a fait qu'exercer son droit. De plus, la loi de 1849 n'a point déclaré qu'il faudrait nécessairement avoir satisfait au recrutement après sa vingtième année. Si l'on prétendait, en cette matière, ne tenir aucun compte d'une inscription sur le contingent, parce qu'elle est illégale, la loi des 22-25 mars 1849 n'aurait plus dès lors aucune application. Car cette loi suppose qu'un étranger, né en France, a été inscrit pour le recrutement avant d'avoir réclamé la qualité de Français : or, cette inscription est illégale au premier chef, puisque nul n'est admis à servir dans les armées françaises s'il n'est Français. La loi de 1849 n'a donc eu elle-même pour résultat que de déduire une conséquence juridique d'une erreur commise.

Au reste, supposons un instant que Sioën, au lieu de prendre, en 1865, un bon numéro, en eût pris un mauvais et eût été incorporé. Dans ce cas, il faudrait bien lui reconnaître le droit de réclamer la qualité de Français. En effet, la loi du 22 mars 1849, al. 1, décide que l'individu né en France d'un étranger sera admis, même après l'année qui suivra sa majorité, à faire la déclaration prescrite par l'art. 9 du Code civil, « s'il sert ou s'il a servi dans les armées françaises de terre ou de mer. » Dans ce premier alinéa, la loi n'a point, comme dans le second, ajouté ces mots : « Sans exciper de son extranéité, » qui servent de base à l'argumentation de la doctrine opposée à la nôtre. Dès lors, on se trouverait ainsi amené à poser une distinction profonde entre le service militaire effectif et la simple satisfaction à la loi du recrutement. Mais cette distinction est trop étrange pour être admise. Ceux qui se trouvent affectés au service et ceux que le sort en exempte méritent au même titre la faveur de la loi : car tous se sont volontairement soumis au même risque, au même aléa. D'ailleurs, la proposition de loi, telle qu'elle avait été déposée sur le bureau de l'Assemblée, admettait à toute époque la réclamation des « individus nés en France de parents étrangers qui justifieront avoir satisfait à la loi du recrutement. » Ces termes généraux mettaient sur le même rang, et ceux qui, effectivement, servaient ou avaient servi sous les drapeaux, et ceux que le sort en exemptait. Si la commission, qui examina le projet, adopta une autre rédaction composée de deux alinéas, du moins elle n'a pas voulu donner à la loi un nouveau sens qui comportât une distinction ; sa seule intention était de déterminer, d'une façon plus précise, toute la portée de la nouvelle loi.

On objecte enfin qu'en admettant notre système, l'étranger né en France pourra choisir son heure et son moment pour satisfaire à la loi du recrutement. Mais ce n'est là qu'une considération de fait, qui ne peut point l'emporter sur les raisons de droit que nous invoquons. En outre, même dans le système contraire, l'individu né en France d'un étranger aurait aussi une certaine liberté de choix. Supposons, en effet, qu'il ait été inscrit après sa vingtième année sur les listes du contingent et, qu'à ce moment, jugeant le service trop périlleux, il ait excipé de son extranéité : il n'en aura pas moins le droit de faire, pendant un an après sa majorité, la déclaration prescrite par l'art. 9 du Code civil, et il ne sera appelé qu'au tirage qui suivra sa déclaration. Au surplus, chaque fois qu'un individu se présente pour figurer comme omis sur les tableaux de recensement, il éveille toujours l'attention. On cherchera si l'oubli, dont il a été l'objet, n'aurait pas eu pour cause son extranéité. La nationalité étrangère une fois découverte, si la demande d'inscription paraît revêtir un caractère frauduleux, rien n'empêchera l'administration de la rejeter (1).

SECTION VI.

DISPOSITIONS PARTICULIÈRES DE LA LOI DES 22-29 JANVIER, 7-12 FÉVRIER 1851, A L'ÉGARD DES INDIVIDUS NÉS EN FRANCE D'ÉTRANGERS QUI EUX-MÊMES Y SONT NÉS.

78. Nous arrivons maintenant à la loi du 7 février 1851, qui s'occupe des individus nés en France d'étrangers qui eux-mêmes y étaient nés et des enfants des étrangers naturalisés. (Ajoutez la loi des 16-29 décembre 1874.)

Sous l'empire de l'art. 9 du Code civil, l'enfant né en France de parents étrangers qui eux-mêmes y étaient nés était étran-

---

(1) Comp. M. Massenat-Deroche, *Revue prat. de dr. fr.*, 1870, p. 19 et suiv.

ger ; il avait seulement le moyen de se faire facilement naturaliser Français. Il s'était ainsi formé une classe d'individus qui, se rattachant à notre territoire par leur naissance et par celle de leurs auteurs, s'y installaient presque toujours définitivement, et, demeurant confondus avec les Français, vivaient sous la protection de nos lois et jouissaient de la plupart des avantages qui appartiennent aux Français. Mais, lorsqu'il s'agissait de supporter des charges, le plus souvent ils ne manquaient pas d'exciper de leur extranéité. Pour échapper au service militaire, l'enfant né en France d'un père étranger qui, lui-même, y était né, s'abstenait presque toujours de faire la déclaration prescrite par l'art. 9 du Code civil. C'est surtout pour déjouer ces calculs que fut édictée la loi du 7 février 1851.

79. L'art. 1er de cette loi est ainsi conçu : « Est Français tout individu né en France d'un étranger qui, lui-même, y est né, à moins que, dans l'année qui suivra l'époque de sa majorité telle qu'elle est fixée par la loi française, il ne réclame la qualité d'étranger par une déclaration faite, soit devant l'autorité municipale du lieu de sa résidence, soit devant les agents diplomatiques ou consulaires accrédités en France par le gouvernement étranger. »

Ainsi, auparavant, l'enfant né en France de parents étrangers, soit que ceux-ci fussent eux-mêmes nés sur le sol français, soit qu'ils fussent nés hors de France, était dans tous les cas étranger de naissance, sauf à réclamer la nationalité française dans l'année qui suivait sa majorité. Désormais, l'enfant né en France de parents étrangers, qui eux-mêmes y sont nés, *est Français d'origine.* Seulement, lorsqu'il sera devenu majeur, il pourra, pendant un an, réclamer la nationalité étrangère.

D'abord, le projet portait ces mots : « Sera Français..... » Sur un amendement de M. Valette, on remplaça le temps futur par le temps présent, pour faire entendre que la loi saisirait même les individus qui, au moment de sa promulgation, étaient déjà nés dans les conditions qu'elle indique (1).

Toutefois il est certain que la nouvelle loi ne devait pas s'étendre à ceux qui, à l'époque de la promulgation, ayant déjà laissé expirer le délai fixé par l'art. 9 du Code civil sans récla-

---

(1) Douai, 18 décembre 1854 (S. 55, 2, 263).

mer la nationalité française, étaient demeurés irrévocablement étrangers (1).

Le projet déclarait Français, de plein droit, l'enfant né en France d'un étranger qui lui-même y était né, sans lui accorder le droit de réclamer la nationalité étrangère. Mais on fit observer qu'adopter une telle disposition, serait faire des Français malgré eux, et en outre compromettre l'état de nos compatriotes résidant en pays étranger : les gouvernements de ces pays n'auraient pas manqué, en effet, de prendre contre eux des mesures analogues à celles qui, en France, auraient frappé leurs nationaux.

Enfin la proposition, dans sa teneur primitive, exigeait que le père de l'étranger né en France y résidât, ou fût décédé en y résidant. La commission, en supprimant cette condition, fut, pensons-nous, assez mal inspirée. L'enfant, né en France d'un père étranger, est Français de plein droit, par cela même que son auteur y est également né, quand même les deux naissances auraient eu lieu, sur ce sol, par suite d'une circonstance accidentelle, d'un passage de quelques jours. On a voulu, dit-on, éviter les difficultés souvent délicates que soulèvent les questions de résidence. Mais si ces difficultés existent, elles ne sont pas insurmontables. On rejeta le principe du *jus soli*, surtout afin qu'un étranger ne devînt pas Français de plein droit, par ce seul fait que sa mère, en traversant la France, l'aurait mis au jour sur une terre étrangère à elle-même, à son mari, à leurs familles, et où cet enfant ne reparaîtrait peut-être jamais. Cette même raison aurait dû, en 1851, faire décider que l'enfant né en France d'un étranger ne serait Français d'origine que si son auteur, né lui-même en France, y était, en outre, domicilié (1).

80. L'enfant dont s'occupe l'art. 1er de la loi du 7 février 1851 est Français dès sa naissance, et il reste tel, à défaut d'une déclaration contraire, faite dans l'année qui suit sa majorité, telle que celle-ci est fixée par la loi française.

Supposons que la réclamation de la nationalité étrangère a eu lieu : quelle sera l'étendue de ses effets ? De prime abord, il semble que cette question soit de même nature que celle

(1) Comp. Demolombe, t. I, no 164 *quater*, p. 194.
(2) Comp. M. Beudant, *Revue crit.*, 1856, t. IX, p. 57 et suiv.

soulevée à propos de l'art. 9. Néanmoins, nous admettrons ici
la rétroactivité, que nous n'hésitions pas à rejeter plus haut,
n°ˢ 63 et suivants, A notre sens, l'enfant né en France d'un
étranger, qui lui-même y est né, est Français dès sa naissance,
et demeure tel, s'il ne fait point une déclaration contraire ;
mais il est étranger, également dès sa naissance, si cette
déclaration a été faite. En effet, pourquoi la loi du 7 février
1851 a-t-elle admis la possibilité de réclamer la nationalité
étrangère ? C'était afin de ne pas faire des Français malgré
eux. Or, si l'individu, né en France d'un étranger, qui
lui-même y est né, n'était point réputé, après sa réclamation,
rétroactivement étranger dès sa naissance, il se trouverait que,
pendant vingt-un ans, il aurait été Français malgré lui. D'ailleurs, M. Benoît-Champy, dans son rapport à l'Assemblée nationale, s'exprimait ainsi : « Il a paru que la plus sérieuse des
garanties consistait à laisser à l'étranger, que la nationalité
française va saisir, le droit de décliner cette nationalité, et de
revendiquer *celle qu'il tient de ses ancêtres*... l'étranger pourra
toujours *conserver* sa nationalité. » Ces mots, « réclamer une
nationalité qu'on tient de ses ancêtres », ne prouvent-ils pas
que la réclamation, devant conférer une nationalité d'origine,
remonte nécessairement au jour de la naissance ? De même,
l'expression « *conserver* » démontre que l'enfant doit être considéré comme ayant été déjà investi de la nationalité étrangère,
avant même de l'avoir invoquée.

81. L'hypothèse suivante s'est présentée dans la pratique. Un
individu né en France d'un père étranger, qui lui-même y est
né, réclame en temps utile la qualité d'étranger. Quelques
mois plus tard, se trouvant encore dans l'année qui suit sa
majorité, il se ravise, et, se disant enfant né en France d'un
étranger, il invoque l'art. 9 du Code civil et réclame la nationalité française. Cette prétention est-elle fondée ? Le tribunal
civil de Lille a répondu négativement (1).

A l'appui de cette décision, on fait remarquer que l'art. 9 du
Code civil, édictant une faveur exceptionnelle, doit avoir une
sphère d'application aussi restreinte que possible. D'ailleurs,
ajoute-t-on, dès que la loi du 7 février 1851 a été portée,

_____

(1) Trib. civil de Lille, 1872 (Recueil de la jurisp. de Douai, 1872, t. **XXX**,
p. 222-223).

l'art. 9 a été, du même coup, restreint à ceux qui naîtraient en France d'étrangers, qui eux-mêmes n'y seraient pas nés. Or, dans l'espèce, le réclamant est l'enfant né en France d'un étranger, qui lui-même y est né. Enfin, dit-on, l'individu qui réclame la nationalité française, après s'en être dépouillé, mérite, en général, peu de faveur.

82. Assurément la solution qui précède semble désirable. On ne se sent guère porté à prodiguer la nationalité française à celui qui tantôt la refuse, tantôt la réclame, suivant son caprice et son intérêt. Pourtant, même à ce point de vue, il convient de remarquer que le mobile auquel obéira l'individu, dont nous nous occupons, sera quelquefois acceptable. Peut-être n'a-t-il réclamé la qualité d'étranger que pour recueillir une succession dans un pays où, seuls, les nationaux y sont admis, et dans le but, soit d'augmenter ainsi son crédit en France, soit d'assurer l'avenir de ses enfants.

Dans tous les cas, *en droit*, la solution consacrée par le tribunal civil de Lille ne laisse pas que de nous inspirer des doutes sérieux.

Pour se prévaloir, dit-on, de l'art. 9 du Code civil, il faut être né en France d'un étranger, qui lui-même n'y est pas né. Mais l'art. 9 du Code civil exige seulement que l'étranger soit né en France d'un étranger. Il n'ajoute pas « d'un étranger, *qui lui-même n'y est pas né.* » Sans doute, le cas de deux naissances consécutives a été, en 1851, soustrait à l'application de l'art. 9. Mais pourquoi précisément a-t-on décidé que l'enfant né en France d'un étranger, qui lui-même y est né, ne tomberait plus sous le coup de l'art. 9 ? C'est parce qu'on voulait que cet enfant fût encore plus facilement Français. Dès lors, on ne peut logiquement, à notre sens, invoquer dans un but opposé la modification apportée à l'art. 9, et s'en servir pour empêcher l'accès de la nationalité française. Le vœu du législateur a toujours été que les enfants, nés en France, réclamassent le plus fréquemment possible la qualité de Français en vertu de l'art. 9 du Code civil. C'est même parce qu'ils s'en abstenaient trop souvent, qu'on les a déclarés Français de plein droit, quand leurs parents seraient eux-mêmes nés en France. Le rapport qui a précédé le vote sur la loi du 7 février 1851 ne laisse aucun doute à cet égard.

D'ailleurs, par cela même que, dans l'année qui suivait sa

majorité, il a opté pour la nationalité étrangère, l'enfant né en France d'un étranger, qui lui-même y est né, doit être réputé avoir été étranger dès le jour de sa naissance. Il s'est donc placé, du même coup, dans la situation prévue par l'art. 9 du Code civil. Cette disposition se réfère, en effet, à celui qui, né en France d'un étranger, est étranger dès sa naissance.

83. Puisque l'enfant né en France d'un étranger, qui lui-même y est né, est Français d'origine, tant qu'il n'aura pas, dans l'année qui suivra sa majorité, répudié cette na'ionalité, il pourra profiter des avantages réservés aux Français, et, par exemple, être admis dans les écoles du gouvernement. Il semble que, par réciprocité, il aurait dû subir les charges, telles qu'elles incombent aux autres Français, et se trouver soumis à la loi du recrutement, après qu'il aura atteint l'âge de vingt ans révolus. Pourtant, ce dernier point a été l'objet de controverses.

84. D'éminents jurisconsultes, notamment M. Demangeat (1) et M. Valette (2), n'hésitaient pas à le soumettre à la loi commune du recrutement. La cour de Douai s'était même ralliée à cette doctrine (3). Mais d'autres auteurs, comme MM. Aubry et Rau (4) et Demante (5), enseignaient qu'on ne pouvait pas astreindre au service militaire celui qui n'était Français que sauf volonté contraire, tant qu'il ne serait pas déchu du droit de réclamer la qualité d'étranger. Ils s'appuyaient sur une déclaration faite par M. Benoît-Champy, rapporteur de la loi du 7 février 1851 : « La commission a voulu, avait-il dit, laisser à la loi spéciale sur le recrutement le soin de régler l'appel et le tirage au sort des étrangers devenus Français faute d'une déclaration d'extranéité....»

Mais cette considération n'était point décisive ; car qualifier « d'étrangers devenus Français faute d'une déclaration d'extranéité » les individus dont s'occupe l'art. 1er de la loi du 7 février 1851, c'était perdre de vue le principe même de cette loi, qui en fait des Français de naissance (6).

----

(1) *Droit intern. privé*, t. I, p. 96, note *a*.
(2) *Explication sommaire du livre premier du Code civil*, p. 14.
(3) Douai, 18 décembre 1854 (S. 55, 2, 263).
(4) T. I, p. 215.
(5) T. II, appendice, n° 315 *bis*, III.
6) Comp. M. Demolombe, t. I, n° 165 *ter*, p. 194.

Quoi qu'il en soit, la loi du 27 juillet 1872, dans son article 9, al. 2, dispose que « les individus déclarés Français en vertu de l'art. 1er de la loi du 7 février 1851 concourent, dans le canton où ils sont domiciliés, *au tirage qui suit l'année de leur majorité*, s'ils n'ont pas réclamé la qualité d'étrangers conformément à ladite loi. »

84 bis. Nous arrivons ainsi aux dispositions modificatives de la loi des 16-29 décembre 1874.

SECTION VII.

DISPOSITIONS COMPLÉMENTAIRES DE LA LOI DES 16-29 DÉCEMBRE 1874.

85. La réforme si profonde, que la loi du 7 février 1851 avait opérée dans notre Code civil, semblait encore incomplète à beaucoup d'esprits. En effet, la loi de 1851 ne demandait à celui qui répudiait la nationalité française qu'une simple déclaration en faveur de la nationalité étrangère, sans aucune vérification. Il suffisait que les auteurs du déclarant eussent appartenu à une autre nation, *sans que le déclarant eût à prouver que lui-même lui appartenait encore.* Il arrivait ainsi qu'un enfant né en France d'un étranger, qui lui-même y était né, s'affranchissait du service militaire, dans notre pays, en invoquant l'extranéité.

D'un autre côté, souvent il n'était plus sujet de la nation à laquelle il prétendait pourtant appartenir, par exemple parce que, à cause de son long séjour en France, il était considéré comme ayant perdu l'esprit de retour à sa nationalité d'origine.

De cette façon, cet enfant n'était astreint nulle part au service militaire ; il vivait en toute sécurité, dans la société humaine sans être soumis à ses lois. Cette situation antisociale attira l'attention d'un certain nombre d'hommes politiques. En 1872, M. Des Rotours déposa sur le bureau de l'Assemblée nationale la proposition de loi suivante : « Est déclaré Français, et comme tel soumis à la loi du recrutement de l'armée, tout individu né en France de parents étrangers, à moins qu'il ne déclare, dans l'année qui suivra sa majorité, telle qu'elle est fixée par la loi française, repousser la qualité de

Français, et qu'il ne justifie avoir satisfait aux obligations que la loi du pays d'origine de sa famille lui impose (1) ».

86. Pourtant cette modification de la loi des 7-12 février 1851 ne fut pas adoptée en ces termes. Il était excessif de déclarer Français de plein droit l'étranger né en France d'un père qui n'y serait point né. En outre, le projet prenait pour base cette idée : *Celui qui ne remplit pas dans son pays ses devoirs civiques, cesse d'en être citoyen*, et dès lors rien n'empêche de lui imposer la nationalité française, c'est-à-dire celle du pays où il est établi.

Mais ce principe n'est point consacré par les Codes des différentes nations, ni par les usages du droit des gens. Le réractaire est un mauvais citoyen ; mais, en général, il reste citoyen. Enfin la dignité du nom français s'opposait à ce que l'on pût faire de son acquisition forcée la punition de ceux qui ne veulent pas être soldats dans leur patrie.

Aussi la commission chargée de l'examiner modifia profondément la proposition de M. Des Rotours, et, le 16 décembre 1874, sur le rapport présenté par notre savant collègue M. Albert Desjardins (2), l'Assemblée nationale votait la loi suivante :

« Article 1er. — L'art. 1er de la loi du 7 février 1851 est ainsi modifié : — Est Français tout individu né en France d'un étranger qui lui-même y est né, à moins que dans l'année qui suivra l'époque de sa majorité, telle qu'elle est fixée par la loi française, il ne réclame la qualité d'étranger par une déclaration faite soit devant l'autorité municipale du lieu de sa résidence, soit devant les agents diplomatiques et consulaires de France à l'étranger, et qu'il ne justifie avoir conservé sa nationalité d'origine par une attestation en due forme de son gouvernement, laquelle demeurera annexée à la déclaration. Cette déclaration pourra être faite par procuration spéciale et authentique.

« Art. 2. — Les jeunes gens auxquels s'applique l'article précédent peuvent, soit s'engager volontairement dans les armées de terre et de mer, soit contracter l'engagement conditionnel d'un an, conformément à la loi du 27 juillet 1872 (titre IV,

---

(1) *Journal officiel* du 4 janvier 1875 et du 24 novembre 1872.
(2) Comp. *Journal de dr. int. privé*, 1876, p. 236.

3e section), soit entrer dans les écoles du gouvernement, en déclarant qu'ils renoncent à réclamer la qualité d'étrangers dans l'année qui suivra leur majorité.

« Cette déclaration ne peut être faite qu'avec le consentement exprès et spécial du père, ou, à défaut du père, de la mère, ou, à défaut de père et de mère, qu'avec l'autorisation du conseil de famille. Elle ne doit être reçue qu'après les examens d'admission, et s'ils sont favorables. »

87. Ainsi l'enfant, né en France d'un étranger, qui lui-même y est né, peut encore aujourd'hui réclamer la nationalité étrangère dans l'année qui suit sa majorité. Seulement, pour que cette réclamation le dépouille de la qualité de Français, il faut qu'elle soit accompagnée d'un certificat délivré par le gouvernement du pays auquel il prétend appartenir, et attestant qu'il n'a point perdu la nationalité de ses parents ou sa nationalité d'origine.

88. En ce qui concerne la réclamation à adresser suivant la loi du 7 février 1851, elle pouvait être faite, soit devant une autorité française (la municipalité du lieu de la résidence), soit devant une autorité étrangère (les agents diplomatiques ou consulaires accrédités en France par le gouvernement étranger). La loi du 16 décembre 1874 a voulu qu'elle ne fût plus reçue à l'avenir que par des fonctionnaires français : en France, par l'autorité municipale du lieu de la résidence ; en pays étranger, par les agents diplomatiques ou consulaires accrédités par la France dans ce pays.

M. Desjardins, dans son rapport, justifiait cette modification en disant : « L'acte qui modifie l'état d'un homme présumé français doit être fait devant une autorité française. Il doit être conforme aux instructions données par notre administration supérieure. C'est un élément essentiel pour les listes de recrutement ; il revient, de droit, à celui qui est chargé de ces listes. »

Quant au certificat exigé par la loi du 16 décembre 1874, les gouvernements étrangers ne se refusent pas, en général, à le donner. Ainsi, le gouvernement de Berne a donné des instructions à ses consuls de France et aux autorités cantonales pour que cette attestation fût délivrée. L'Angleterre a communiqué à M. le ministre des affaires étrangères en France la formule du certificat qui serait délivré à ses nationaux par le secrétaire d'Etat de l'intérieur (1).

89. La loi du 16 décembre 1874 a aussi reconnu, dans son art. 2, le droit, pour les enfants nés en France d'étrangers qui eux-mêmes y sont nés, de contracter dans l'armée l'engagement conditionnel d'un an, et d'être admis aux écoles du gouvernement. Seulement, pour profiter de ces faveurs, les jeunes gens devront renoncer formellement à réclamer plus tard la nationalité étrangère de leurs parents. C'est là une exigence nouvelle, qui n'était en aucune façon imposée sous l'empire de la loi du 7 février 1851. C'est qu'en effet il était difficile de ne pas admettre ces enfants dans l'armée ou dans les écoles spéciales, puisqu'ils sont Français ; l'on ne pouvait guère non plus les autoriser à opter pour une nationalité étrangère, après les avoir admis à recevoir une éducation spécialement réservée aux serviteurs de notre pays.

Ajoutons que la disposition qui permet aux jeunes gens de cette catégorie de renoncer à la qualité d'étrangers, alors qu'ils sont encore mineurs, constitue une innovation considérable. Il est de principe, dans notre droit, que les majeurs seuls peuvent faire acte de nationalité. Mais, tout en reconnaissant nécessaire et équitable cette dérogation à la règle, le législateur l'a entourée de garanties particulières. Le mineur devra être habilité par le consentement de ses représentants légaux (art. 2, al. 2, de la loi des 16-29 décembre 1874).

SECTION VIII.

DISPOSITION PARTICULIÈRE ÉDICTÉE PAR L'ART. 2 DE LA LOI DU 7 FÉVRIER 1851.

90. Occupons-nous maintenant des enfants nés de parents d'origine étrangère, qui se sont fait naturaliser en France (art. 2 loi du 7 février 1851). Cet art. 2 est ainsi conçu : « L'art. 9 du Code civil est applicable aux enfants de l'étranger naturalisé, quoique nés en pays étranger, s'ils étaient mineurs lors de la naturalisation. — A l'égard des enfants nés en France ou à l'étranger, qui étaient mineurs à cette époque, l'art. 9 du

---

(1) *Journal officiel* du 24 novembre 1872, p. 7268 et du 4 janvier 1875.

Code civil leur est applicable dans l'année qui suivra celle de ladite naturalisation. »

Ainsi, tandis que, par son art. 1er, la loi du 7 février 1851 soustrait à l'empire de l'art. 9 des enfants qui, jusque-là, y étaient soumis, par son art. 2, elle y fait rentrer des enfants qui en étaient exclus. Désormais, ceux-là mêmes qui naîtraient hors de France d'un père étranger pourront réclamer la qualité de Français, si leur auteur se fait naturaliser dans notre pays. On fait ainsi résulter d'un droit concédé à un tiers un privilége qui, pourtant, doit être, par sa nature même, essentiellement personnel.

Néanmoins, on s'efforce de justifier la disposition de la loi, en disant que l'enfant d'un étranger naturalisé aurait sans doute pour la France, grâce à l'éducation qu'on lui a donnée, les mêmes sentiments d'affection que son père, et qu'il est convenable, dans l'intérêt de l'État, de ne point diviser le père et les enfants par des différences de nationalité, toutes les fois que cela est possible.

91. Remarquons qu'il s'agit, dans l'espèce, des enfants déjà nés au moment de la naturalisation de leur père, et non de ceux nés postérieurement à cette naturalisation : ceux-ci sont, en effet, Français de plein droit.

Il faut distinguer une double hypothèse :

92. 1° L'enfant de l'étranger naturalisé Français peut être encore mineur lors de sa naturalisation. Dans ce cas, rien de plus simple : s'il est né en France, il peut se prévaloir des termes mêmes de l'art. 9 du Code civil, et le secours de la loi de 1851 ne lui est pas nécessaire; mais, s'il est né en pays étranger, la loi nouvelle est d'une utilité considérable : car elle lui accorde la même faveur que s'il était né en France.

93. 2° Il peut se faire que l'enfant de l'étranger naturalisé soit majeur au moment de la naturalisation paternelle. Dans ce cas, la loi de 1851 lui est toujours utile, soit qu'il ait vu le jour sur le sol étranger, soit que, né en France, il n'ait pas rempli, dans le délai d'un an fixé par l'art. 9, les formalités requises (1).

94. Le mot « étranger naturalisé » est générique, et désigne

_____

(1) Il eût été plus exact de dire que le délai annal courrait du jour même de la naturalisation. Le rapporteur de la loi avait, en effet, formellement fixé ce point de départ: c'est par inadvertance que la rédaction définitive a exprimé une autre idée.

aussi bien la femme que l'homme. Ainsi, l'enfant naturel d'une femme étrangère devenue Française pourra aussi se prévaloir de la loi de 1851.

95. Les enfants de l'étranger naturalisé qui invoquent la nationalité française, l'acquièrent-ils rétroactivement jusqu'au jour de leur naissance ? Notre réponse à cette question ne saurait être douteuse. Nous repoussons la rétroactivité. Mais nous tenons à faire remarquer que les auteurs qui, sur l'art. 9, l'ont admise, hésitent ici à pousser leur principe jusqu'au bout, et à décider que l'enfant de l'étranger naturalisé sera réputé Français dès sa naissance ; c'est qu'en effet, s'ils admettaient cette conséquence extrême, il en résulterait qu'un enfant serait Français dès avant même la naturalisation de son auteur, par suite de laquelle pourtant il le devient ! En présence de cette difficulté, ils déclarent que, dans l'espèce, la nationalité française acquise par l'enfant ne rétroagira que jusqu'au jour de la naturalisation de son auteur : Comp. M. Demolombe, t. I, n° 165 *septimo*, p. 197.

96. Comme les individus nés en France de parents étrangers, ceux nés hors de France de parents étrangers naturalisés Français, et mineurs au moment de la naturalisation, ne sont astreints au service militaire qu'après qu'ils ont réclamé la nationalité française (L. du 27 juillet 1872, art. 9, al. 1).

97. Notons, en terminant sur ce point, que, dans la séance du 16 décembre 1874, M. Méline proposa de toucher aussi à l'art. 2 de la loi du 7 février 1851, et de déclarer « Français tout individu né en France d'un étranger qui s'est fait naturaliser Français à une époque quelconque. »

A l'appui de cette proposition, M. Méline faisait remarquer qu'il était contradictoire de conférer de plein droit la nationalité française à un enfant né en France, par suite de ce fait purement matériel que son père serait également né sur notre sol, et de ne pas attacher le même effet à l'acte volontaire et spontané par lequel le père s'était fait naturaliser. M. Méline ajoutait que l'adoption de sa proposition permettrait à l'enfant né en France d'un étranger de contracter, en temps utile, l'engagement conditionnel d'un an et d'être admis aux écoles du gouvernement. Mais cet amendement fut rejeté. C'est qu'en effet, quand un père et un fils sont, l'un et l'autre, nés en France, il est probable qu'ils se sont fixés dans notre pays, et l'on peut

présumer que l'enfant, élevé au milieu de nous, désire avoir
pour sienne notre patrie. Mais, quand un étranger se fait naturaliser, on ne peut avoir, à ce moment, aucune donnée
certaine, ni sur l'intention qu'il a, quant à la nationalité de
ses propres enfants, ni sur l'intention qu'auront, plus tard,
ces enfants eux-mêmes. (*Journal offic.* du 7 décembre 1874,
p. 8356 et 8357.)

TABLE DES MATIÈRES

—

SECTION VI.

SECTION VII.

SECTION VIII.

Paris. — Imp. de Ch. Noblet, 13, rue Cujas. — 1879.

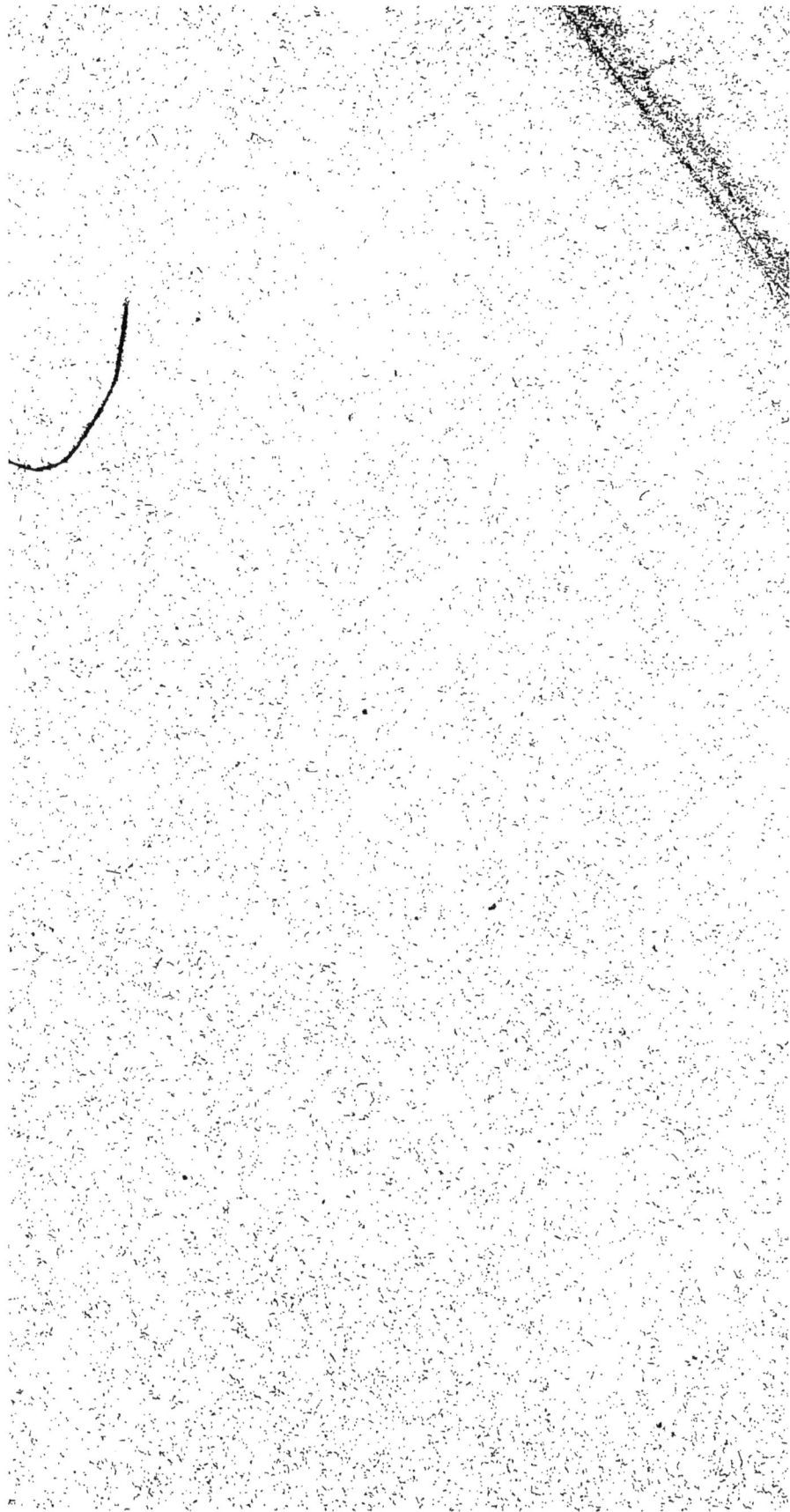

AUTRES OUVRAGES DU MÊME AUTEUR :

De la naturalisation et des effets généraux des lois. Un vol. in-8. Sous presse.

Des caractères distincts des associations commerciales en participation (1865). Durand. Une brochure in-8. (Epuisée.)

Considérations générales sur l'acquisition ou la libération par l'effet du temps (1869). Thorin. 1 vol. gr. in-8. 3 fr.

De l'interdiction considérée comme cause de séparation de biens judiciaire (1870). Cotillon. Une broch. in-8. 1 fr. 50

Etude sur le paiement avec subrogation; ses caractères distinctifs (1871). Thorin. Une brochure in-8. 1 fr.

Programme sommaire du cours de Code civil (Deuxième examen), avec une Etude sur le partage d'ascendants (1871). Thorin. Un vol. in-8. 8 fr.

Etude sur la jonction des possessions (art. 2235 du Code civil) (1871). Marescq aîné. Une brochure in-8. 2 fr. 50

De la revendication des titres au porteur en matière de faillite (1871). Marescq aîné. Une brochure in-8. 1 fr.

De la publicité des contrats pécuniaires de mariage, d'après la loi du 10 juillet 1850. Marescq aîné (1872). Une brochure in-8. 2 fr.

La loi du 12 août 1870 et le cours forcé des billets de la Banque de France (1872). Marescq aîné. Une brochure in-8. 50 c.

Sommaire du cours de Code civil (Premier examen). Marescq aîné. Une brochure in-8. Seconde édition (1876). 2 fr. 50

De la légitimation des enfants incestueux (simple note extraite du Recueil spécial de jurisprudence de la cour de Douai, t. XXXI, p. 109 (1873). Thorin. Une brochure in-8. 50 c.

De la délégation des fonctions de l'instruction aux juges suppléants (1873). Thorin. Une brochure in-8. 50 c.

Comparaison des articles 434, 443 et 479, § 1er du Code pénal (1874). Marescq aîné. Une brochure in-8. 50 c.

Essai sur la vente de la chose d'autrui (1874). Marescq aîné. Un vol. in-8. 3 fr. 50

De la possession précaire (1874). Marescq aîné. Une brochure in-8. 1 fr. 50

Traité de la possession des meubles et des titres au porteur Marescq aîné. Un fort vol. in-8. Seconde édition (1875). 12 fr.

Des clauses de remploi et de la Société d'acquêts sous le régime dotal. Marescq aîné. Une brochure in-8. 2 fr. 50

Du paiement du prix par l'acheteur en matière de vente (1875). Marescq aîné. Une brochure in-8. 1 fr. 50

De la promulgation et de l'application des lois et des décrets (art. 1 du Code civil combiné avec les récentes lois constitutionnelles) (1876). Marescq aîné. Une brochure in-8. 1 fr.

De la naturalisation en pays étranger des femmes séparées de corps, en France. Marescq aîné. Une brochure in-8. Seconde édition (1876). 2 fr.

Questions pratiques de naturalisation. — Situation juridique de la jeune princesse Nadèje Bibesco (1876). Marescq aîné. Une broch. in-8. 1 fr.

De la propriété littéraire et artistique (1877). Durand et Pédone-Lauriel, éditeurs. Une brochure in-8. 1 fr.

Traité des assurances sur la vie, par M. Paul Herbault; revu et publié après le décès de l'auteur, par Daniel de Folleville (1877). Marescq aîné. Un vol. in-8. 6 fr.

De l'effet déclaratif du partage (explication de l'art. 883 du Code civil) (1877). Thorin, éditeur. Une brochure in-8. 1 fr. 50

Paris. — Imprimerie de Ch. Noblet, 13, rue Cujas. — 7216

www.ingramcontent.com/pod-product-compliance
Lightning Source LLC
Chambersburg PA
CBHW060650210326
41520CB00010B/1808